Petra Best · Kerstin Bosch · Karin Jampert · Anne Zehnbauer

Kinder-Sprache stärken!
Ergänzungsmaterial

Beobachtung, Dokumentation und Reflexion sprachlicher Bildung und Förderung in der Kita

Petra Best · Kerstin Bosch · Karin Jampert · Anne Zehnbauer

Kinder-Sprache stärken!
Ergänzungsmaterial

Beobachtung, Dokumentation und Reflexion sprachlicher Bildung und Förderung in der Kita

verlag das netz
Weimar

Bitte richten Sie Ihre Wünsche, Kritiken und Fragen an:
verlag das netz
Nummer 51
99441 Kiliansroda/Weimar
Telefon: +49 36453.71 40
Telefax: +49 36453.71 412
E-Mail: info@verlagdasnetz.de

Das Deutsche Jugendinstitut e.V. (DJI) ist ein zentrales sozialwissenschaftliches Forschungsinstitut auf Bundesebene. Es führt sowohl eigene Forschungsvorhaben als auch Auftragsforschungsprojekte durch. Die Finanzierung erfolgt überwiegend aus Mitteln des Bundesministeriums für Familie, Senioren, Frauen und Jugend und im Rahmen von Projektförderung aus Mitteln des Bundesministeriums für Bildung und Forschung. Weitere Zuwendungen erhält das DJI von den Bundesländern und Institutionen der Wissenschaftsförderung.

ISBN 978-3-86892-139-7

Lektorat: Marén Wiedekind
Gestaltung: Jens Klennert, Tania Miguez
Illustrationen: Christof Gießler
Fotos: Marion Tielemann
Druck und Bindung: Förster & Borries, Zwickau
Printed in Germany

Inhalt

Vorwort des Abteilungsleiters Kinder und Kinderbetreuung des Deutschen Jugendinstituts

Die Bedeutung des Spracherwerbs für die frühkindliche Entwicklung ist allgemein anerkannt. Auf die Frage, wie frühpädagogische Settings die sprachliche Bildung verstehen und gestalten sollten, antwortet die Fachwelt zunehmend mit Begriffen wie »ganzheitlich« oder »alltagsintegriert«. Sprache wird nicht mehr als zu vermittelnder Inhalt betrachtet, sondern als Weg, um Form (Grammatik, Lautbildung, Konversationsregeln) und Inhalt zu elaborieren. Es sind die in den Lebenswelten des Kindes auftauchenden Phänomene, Fragen, Interessen und Handlungen, die zum Gegenstand einer Kommunikation werden, die die pädagogische Fachkraft maßgeblich mitgestaltet. Dieses sozial-konstruktivistische Verständnis von Spracherwerb und früher Sprachbildung ist tief verwurzelt in den frühpädagogischen Konzepten, die in den vergangenen 40 Jahren am Deutschen Jugendinstitut entwickelt wurden. Dazu wurden verschiedene Materialien auf der Basis aktueller theoretischer Erkenntnisse und im Schulterschluss mit Kolleginnen und Kollegen aus der frühpädagogischen Praxis und Weiterbildung entwickelt und erprobt. Im Laufe der Zeit ist das DJI-Sprachbildungskonzept so zu einem festen Bestandteil der pädagogischen Praxis in zahlreichen Kindertageseinrichtungen geworden.

Die hier vorliegenden Instrumente zur Beobachtung, Dokumentation und Reflexion sprachlicher Bildung und Förderung in der Kita ergänzen das bereits verfügbare Material »Kinder-Sprache stärken!«. Mit dieser Ergänzung ist im Verbund mit dem Werk »Die Sprache der Jüngsten entdecken und begleiten« eine durchgängige sprachliche Bildung möglich.

Wir sind sehr froh und dankbar, dass wir mit Petra Best, Kerstin Bosch, Karin Jampert und Anne Zehnbauer erfahrene Autorinnen des DJI-Sprachbildungsansatzes dafür gewinnen konnten, diese Komplettierung vorzunehmen. Auf ihrer Expertise basiert dieses Material. Frau Eva Born-Rauchenecker danke ich für ihre fachlichen Rückmeldungen zum Ergänzungsmaterial.

Dem Bundesministerium für Familie, Senioren, Frauen und Jugend danken wir für die Unterstützung und langjährige Zusammenarbeit im Rahmen breit angelegter Bundesprogramme. Diese haben maßgeblich dazu beigetragen, dass der DJI-Sprachbildungsansatz flächendeckend große Resonanz gefunden hat. Insbesondere möchten wird dafür danken, dass auch dieses Ergänzungsmaterial ermöglicht wurde.

Mein Dank gilt auch meiner Kollegin Judith Durand, die diese Publikation in der Fachgruppe »Pädagogische Konzepte für die Kindheit« unserer Abteilung betreute.

Ich wünsche Ihnen, dass Sie in dem Ergänzungsmaterial viele Anregungen und eine gute Unterstützung Ihrer Sprachbildungsarbeit mit den Kindern finden.

Prof. Dr. Bernhard Kalicki
Leiter der Abteilung Kinder und Kinderbetreuung, Deutsches Jugendinstitut

Einführung

Die Sprache der Kinder im Alltag systematisch anregen und begleiten

Die sprachliche Bildung von Kindern kann am besten gelingen, wenn sie im alltäglichen Leben und Erleben der Kinder ansetzt und sie in ihrer Gesamtentwicklung wahrnimmt. Dieser Grundsatz durchzieht die Sprachbildungskonzepte des Deutschen Jugendinstitutes (DJI), die im Verlaufe verschiedener Projekte für unterschiedliche Altersgruppen entwickelt wurden[1]. Kerngedanke der Konzepte ist es, alle Kinder einer Einrichtung in ihrem Spracherwerb kontinuierlich und langfristig anzuregen und zu unterstützen. Nicht als ein Zusatzangebot sprachlicher Förderung, sondern systematisch in den pädagogischen Alltag integriert. Dieses Vorgehen findet in der pädagogischen Praxis viel Zuspruch. Alltagsintegrierte Ansätze zur Sprachbildung und -förderung sind bundesweit in Bildungs- und Erziehungsplänen für den Elementarbereich verankert.

Charakteristisch für die DJI-Konzepte ist der weite Blick auf den kindlichen Spracherwerb und seine Prozesse. Er speist sich aus dem Verständnis, dass im Spracherwerb nichts für sich alleine geschieht. Die rein sprachlichen Handlungsmöglichkeiten eines Kindes (Aussprache, Wortschatz, Grammatik) stehen in der steten Wechselbeziehung zu seiner kognitiven – also geistigen – Entwicklung und zu seiner Entwicklung im sozial-kommunikativen Bereich. All diese Bereiche beflügeln und bedingen sich im Sprachlernen eines Kindes gegenseitig und müssen im Zusammenhang betrachtet werden.

Ideal ist eine alltagsintegrierte Sprachförderung, wenn sie kontinuierlich vom ersten bis zum letzten Tag erfolgt, die ein Kind in der Kita verbringt. Der »erste Tag« ist in den vergangenen Jahren für immer mehr Kinder weiter »nach vorne« gerückt. Durch den Rechtsanspruch auf einen Krippenplatz seit 2013 wird der Krippen-Ausbau deutlich befördert, und immer mehr Kindergärten öffnen sich zunehmend für die Jüngsten. Gut ein Drittel aller Kinder unter drei Jahren besucht inzwischen eine Kindertageseinrichtung, Krippe oder eine Kindertagespflegestelle. Auch die Zeit, die Kinder in öffentlich verantworteten Bildungseinrichtungen verbringen, nimmt kontinuierlich zu (vgl. Statistisches Bundesamt, 2016).

Für eine kontinuierliche und durchgängige sprachliche Bildung ist darum ein Material notwendig, mit dem pädagogische Fachkräfte den Spracherwerb der Kinder und seine Unterstützung von null bis sechs Jahren nach einem einheitlichen System beobachten, dokumentieren und reflektieren können.

---

1 Der DJI-Sprachbildungsansatz wurde u.a. in den folgenden Büchern veröffentlicht.
Zunächst für die drei- bis sechsjährigen Kinder von Jampert, Karin/Zehnbauer, Anne/Best, Petra/Sens, Andrea/Leuckefeld, Kerstin/Laier, Mechthild (Hrsg.) (2009): Kinder-Sprache stärken! Sprachliche Förderung in der Kita: Das Praxismaterial. Weimar/Berlin.
Im Anschluss für die Null- bis Dreijährigen von Jampert, Karin/Thanner, Verena/Schattel, Diana/Sens, Andrea/Zehnbauer, Anne/Best, Petra/Laier, Mechthild (Hrsg.) (2011): Die Sprache der Jüngsten entdecken und begleiten Sprachliche Bildung und Förderung für Kinder unter Drei. Weimar/Berlin, sowie Best, Petra/Laier, Mechthild Laier/Jampert, Karin/Sens, Andrea/Leuckefeld, Kerstin (Hrsg.) (2011): Dialoge mit Kindern führen – Die Sprache der Kinder im dritten Lebensjahr beobachten, entdecken und anregen. Weimar/Berlin.

Das Handwerkszeug

Damit eine alltagsintegrierte Sprachförderung systematisch und auf der Basis von fachlichem Wissen gelingen kann, brauchen pädagogische Fachkräfte zum einen fundierte Kenntnisse zu Sprache und Spracherwerbsprozessen von Kindern aus linguistischer und entwicklungspsychologischer Sicht. Zum anderen benötigen sie ein handliches und praxisnahes Handwerkszeug, das sie dabei unterstützt, Kinder im Alltag in ihren Sprachbildungsprozessen zu stärken. Dazu zählen gut strukturierte Beobachtungsleitfäden, Instrumente zur Analyse und Reflexion des Sprachalltags in der Einrichtung sowie Anregungen zur Reflexion des eigenen Dialoghandelns. So gerüstet lassen sich die Entwicklungsmöglichkeiten von Kindersprache im Alltag entdecken und Situationen gestalten, die Kindern Lust auf Sprache machen und in denen Kinder mit ihrem Sprachwissen erfolgreich handeln, es stabilisieren und auf dieser Grundlage ausbauen können. Es geht mit anderen Worten darum, Kinder beim zunehmend anspruchsvollen Gebrauch der Sprache anzuregen – im Denken und in der Kommunikation.

Erste Instrumente für den Kindergarten

»Kinder-Sprache stärken! Sprachliche Förderung in der Kita: das Praxismaterial« (Jampert u.a., 2009)

Zu der Frage »Wie kommt das Kind zur Sprache?« zeigt dieses Material auf, wie eine systematische, sprachliche Förderung für Kinder zwischen drei bis sechs Jahren gelingen kann, die sich auf den Alltag und die verschiedenen Bildungsaktivitäten in der Kita richtet. Exemplarisch sind dazu die Bildungsbereiche Musik, Bewegung, Naturwissenschaften und aktive Medienarbeit hinsichtlich ihrer sprachlichen Schwerpunkte durchleuchtet. Wichtiges Instrument dieses Praxismaterials sind die Orientierungsleitfäden, die entscheidende Entwicklungsschritte und Beobachtungsbeispiele im Spracherwerb der Kinder übersichtlich aufzeigen. Zusätzlich finden sich in diesem Material praktische Hinweise und Anregungen für die Beobachtung von Kindersprache sowie für die Planung, Durchführung und Reflexion pädagogischer Aktivitäten in den vier ausgewählten Bildungsbereichen.

Weiterentwicklung der Instrumente für die Krippe

»Die Sprache der Jüngsten entdecken und begleiten. Sprachliche Bildung und Förderung für Kinder unter Drei« (Jampert u.a., 2011).

Dieses Praxismaterial, das ebenfalls in Zusammenarbeit mit Einrichtungsteams entstand, richtet seinen Blick auf den Spracherwerb junger Kinder und darauf, welche Möglichkeiten und Anregungen die verschiedenen Alltagsituationen der Krippe für ihr Sprachlernen bereithalten. Einher mit der Erarbeitung des Konzepts ging die Weiterentwicklung der Instrumente für die Beobachtung, Dokumentation und Reflexion des sprachlichen Bildungsalltags in der Krippe. Dabei wurden fünf Etappen im frühkindlichen Spracherwerb definiert, die den Prozess und das Zusammenspiel von sprachlicher, kognitiver und sozial-kommunikativer Entwicklung von Kindern bis drei Jahre beschreiben. Die Etappen strukturieren auch die Orientierungsleitfäden zu den Sprachbereichen, wodurch diese das Sprachlernen junger Kinder in übersichtlicher und anschaulicher Form zugänglich machen. Etappen und Orientierungsleitfäden bilden eine wichtige Grundlage für die Qualifizierung in der Aus- und Weiterbildung pädagogischer Fachkräfte zum DJI-Sprachbildungskonzept (vgl. Best u.a., 2015).

Zusätzlich beinhaltet das Praxismaterial für die Spracharbeit mit jungen Kindern

- ein Dokumentationsschema für die kontinuierliche Beobachtung von Kindersprache und ihren Veränderungsprozessen.
- einen Analyse- und Reflexionsbogen, um Alltagssituationen und ihre sprachförderlichen Potenziale in der Krippe zu entdecken und zu nutzen.
- Leitfragen zur Dialoghaltung, die dazu einladen, sich der eigenen verbalen und nonverbalen Interaktionsfähigkeiten und -möglichkeiten bewusst zu werden.

Anpassung der Instrumente für eine durchgängige alltagsintegrierte sprachliche Bildung und Förderung von null bis sechs Jahren

Somit stehen also zwei Praxismaterialien für die sprachpädagogische Arbeit zur Verfügung: für die Arbeit mit Kindern bis drei und für Kinder über drei Jahren – Materialien, die denselben theoretischen Grundgedanken einer alltagsintegrierten, systematischen sprachlichen Bildung und Förderung folgen, doch für die Praxis unterschiedlich differenzierte Beobachtungs-, Dokumentations-, und Reflexionsinstrumente zur Verfügung stellen.

Das möchte das vorliegende Ergänzungsmaterial ändern: Es passt die Instrumente von »Kinder-Sprache stärken!« an die Instrumente von »Die Sprache der Jüngsten entdecken und begleiten« an. So folgen alle Instrumente dem gleichen Prinzip. Damit ist es für Sie als pädagogische Fachkräfte leichter, die verschiedenen Praxismaterialien in Ihrer Spracharbeit mit jüngeren und älteren Kindern gleichermaßen zu nutzen. Und es ist im Kita-Team möglich, ein Kind von seinem ersten Krippentag bis zu seinem letzten Kindergartentag durchgängig auf seinem Weg in die Sprache hinein zu begleiten: seine Sprache immer wieder zu entdecken, anzuregen und zu stärken.

INFO

Für die bessere Lesbarkeit verkürzen wir in den nachfolgenden Texten die Titel der beiden zugrunde liegenden Praxismaterialien in:

- Kinder-Sprache stärken! Oder: Praxismaterial für den Kindergarten
- Die Sprache der Jüngsten entdecken und begleiten. Oder: Praxismaterial für die Krippe

Kinder-Sprache stärken

Ergänzende Instrumente für die Beobachtung, Dokumentation und Reflexion sprachlicher Förderung in der Kita

Für die Beobachtung und Dokumentation von Kindersprache, für die Analyse und Reflexion von Alltagssituationen sowie für das eigene Dialoghandeln, ergänzt das vorliegende Material die Veröffentlichung »Kinder-Sprache stärken!« (Jampert u.a. 2009) nunmehr um diese vier Instrumente:

- Neu strukturierte Orientierungsleitfäden
- Dokumentationsschema
- Reflexionsbogen (3-6 Jahre): Sprachförderliche Potenziale des Kita-Alltags entdecken und nutzen
- Leitfragen zum Dialoghandeln (3-6 Jahre)

Es sind Handreichungen, die Sie als pädagogische Fachkräfte für eine bewusste und reflektierte Sprachbildungsarbeit im Alltag unterstützen und Ihren Blick auf kindliches Sprachhandeln und seine begleitende Unterstützung fundieren möchten. An die fünf Entwicklungsetappen der Kinder im Alter bis drei Jahren, wie sie im Praxismaterial für die Krippe formuliert sind, schließen sich nun in den hier vorgelegten Orientierungsleitfäden drei Etappen für Kinder im Alter von drei bis sechs Jahren an. Um eine durchgängige sprachliche Bildung und Förderung von Kindern zwischen null und sechs Jahren sicher zu stellen, sind außerdem die Leitfäden sowie Dokumentations- und Reflexionsbögen in der Handhabung an die für die Sprachbildung jüngerer Kinder angepasst.

Die inhaltlichen Grundlagen

Alle Instrumente dieses Ergänzungsmaterials beziehen sich auf die sprachlichen Erwerbsprozesse, Fähigkeiten und Themen von Kindern im Kindergartenalter – und damit auf die Inhalte im Praxismaterial »Kinder-Sprache stärken!«. So können Sie auch weiterhin zur besseren Einordnung Ihrer Beobachtungen und für fundiertes Theoriewissen zum Spracherwerb der 3- bis 6-Jährigen auf die Hefte 1 bis 4 im orangefarbenen Schuber zurückgreifen.

Kinder-Sprache stärken: Die Hefte und ihre Inhalte

Heft 1: Wie kommt das Kind zur Sprache?

Hier steht die Theorie zum kindlichen Spracherwerb in den fünf Sprachbereichen, untergliedert in: Welche Aspekte umfasst ...? Was bringen Kindern sprachlich in die Kita mit? Worum geht es im weiteren Verlauf der Kindergartenzeit? Jedes Kapitel schließt mit einer tabellarischen »Übersicht zu den Förderschwerpunkten« im beschriebenen Sprachbereich ab.

Hefte 2 a und b: Wie viel Sprache steckt in ... (den vier Bildungsbereichen)?

Je Heft sind zwei Bildungsbereiche zunächst in ihren pädagogischen Zielen und Vorgehensweisen beschrieben. Daran anschließend werden die Sprachförderpotenziale im jeweiligen Bildungsbereich herausgearbeitet. Eine Zusammenfassung und zum Teil tabellarische Übersichten zu den Sprachfördermöglichkeiten beschließt jeweils den Bildungsbereich.

Heft 3: Aufwachsen mit mehreren Sprachen
Mit theoretischem Wissen und praktischen Anregungen bebildern verschiedene Beiträge die Grundsätze einer Förderung mehrsprachiger Kinder in einem alltagsintegrierten Konzept. Ein weiterer Beitrag geht auf den Schriftspracherwerb ein.

Heft 4: Kindersprache entdecken: die Orientierungsleitfäden
Zu den Instrumenten sind hier methodische Hinweise und ihre Einbettung in andere Beobachtungs- und Erhebungsverfahren formuliert.

Die Ergänzungen im Überblick

- Die Orientierungsleitfäden aus Heft 4 wurden neu strukturiert und umformuliert. Um Ihnen die Arbeiten zu erleichtern, sind diese außerdem mit treffenderen Beispielen aus dem Praxismaterial versehen. In Heft 1 können Sie zur besseren Einordnung weiterhin nachlesen und vertieftes theoretisches Wissen zum kindlichen Spracherwerb finden.
- Neu ist zwar das Dokumentationsschema, doch knüpft es an den methodischen Hinweisen in Heft 4 zur Dokumentation von Kindersprache an.
- Ebenfalls in Heft 4 finden sich Impulsfragen für die Planung und Reflexion von Aktivitäten in den Bildungsbereichen. Diese Fragen sind in die Instrumente »Reflexionsbogen zur Analyse und Reflexion von Alltagssituationen« sowie »Leitfragen zum Dialoghandeln« eingegangen. Inhaltliche Anknüpfungspunkte zu den neuen Reflexionshilfen bieten außerdem
  - die Förderschwerpunkte in den jeweiligen Sprachbereichen, wie sie in Heft 1 den Abschluss eines jeden Kapitels bilden, und
  - vielfältige Praxisbeispiele, wie sie in den vier Bildungsbereichen (Hefte 2a und 2b) oder zur Gestaltung von Vorlesesituationen (Heft 3) beschrieben und interpretiert sind.

Kinder, die mit mehreren Sprachen aufwachsen

Im Konzept »Kinder-Sprache stärken!« sind wir im Wesentlichen davon ausgegangen, dass Kinder, die mit mehreren Sprachen aufwachsen, erst mit Eintritt in den Kindergarten (also mit etwa drei Jahren) zum ersten Mal regelmäßigen und intensiven Kontakt mit dem Deutschen haben. Dieses einheitliche Bild mehrsprachiger Kinder müssen wir korrigieren, denn sie können ganz unterschiedliche Spracherfahrungen haben, zumal heute viele von ihnen bereits jünger sind, wenn sie in den unterschiedlichen Betreuungssettings willkommen geheißen werden. Die Vorerfahrungen von mehrsprachigen Kindern sind vielfältig und äußerst unterschiedlich. Beispielsweise gibt es Kinder,

- in deren Elternhaus eine andere Sprache als die deutsche gesprochen wird. Ihre Familie, oder die eines Elternteils, stammt vielleicht ursprünglich aus einem anderen Land, lebt jedoch unter Umständen schon seit mehreren Generationen in Deutschland. So haben diese Kinder auch schon vor der Kita das Deutsche in unterschiedlichen Situationen erlebt und sicherlich auch schon erste Kenntnisse in dieser Sprache erworben. Dieses Wissen bringen die Kinder in die Kita mit. Wie genau die Vorerfahrungen der Kinder mit dem Deutschen und ihre bisher erworbenen Kenntnisse in dieser Sprache aussehen, kann allerdings von Kind zu Kind stark variieren.
- die erst seit kurzer Zeit in Deutschland leben und zum Beispiel aufgrund aktueller Ereignisse in ihren Herkunftsländern Zuflucht in Deutschland suchen. Diese Kinder (und ihre Eltern) haben bisher höchstwahrscheinlich noch gar keinen Kontakt zur deutschen Sprache gehabt und treffen in der Kita auf eine für sie erst einmal neue Sprachwelt und vielleicht

auch Sprachkultur. Hinzu kommen ganz unterschiedliche Fluchterfahrungen, die bei den Kindern tiefe Eindrücke hinterlassen haben können, und die eine besonders sensible Herangehensweise seitens der pädagogischen Fachkräfte gerade in der Eingewöhnungszeit erfordern.

Kinder wachsen mit den unterschiedlichsten mehrsprachigen Erfahrungen in ihren Familien auf und bringen verschieden viele Berührungspunkte mit der deutschen Sprache mit. Für sie alle gilt jedoch: Mit dem Wissen, das sie bis dahin in ihrer Familiensprache bereits erworben haben und erwerben, gehen sie Schritt für Schritt in die deutsche Sprache hinein.

TIPP

Zum Vertiefen

Mehr zum Thema Mehrsprachigkeit in den DJI-Konzepten können Sie hier nachlesen:

- Im Praxismaterial für den Elementarbereich »Kindersprache stärken!« ↗Heft 3, zum Beispiel Seite 12-15.
- Im Praxismaterial für die Krippe »Die Sprache der Jüngsten entdecken und begleiten«: Heft 1, »Schritt für Schritt in die Sprache hinein«, Seite 14-15 sowie Seite 26-27.

Hilfreich: Video als Dokumentationsmethode

Mittlerweile gehört die Videodokumentation in vielen Einrichtungen zum Handwerkszeug der Beobachtung und Reflexion dazu. Entsprechend greifen die überarbeiteten Instrumente in diesem Material diese Möglichkeit auf. Gerade für eine alltagsintegrierte, systematische sprachliche Bildung und Förderung leistet die Videoaufzeichnung gute Dienste, erlaubt sie es doch, die Bandbreite der verbalen, non-verbalen und spielerischen Ausdrucksformen eines Kindes differenziert wahrzunehmen und zu beschreiben. Auch für die Analyse von pädagogischen Situationen oder des eigenen Dialoghandelns bietet sie viele Vorteile. Was teils nur noch vage in Erinnerung ist, wird im Nachhinein für einen selbst und in der Teamreflexion nachvollziehbar. Beim Betrachten des Videos können einzelne Szenen mehrmals angesehen werden. Im Vergleich zu erinnerten oder schriftlichen Beobachtungen werden dadurch Details im Ablauf besser wahrnehmbar und auch Kolleginnen und Kollegen, die eine Situation nicht miterlebt haben, können sich an der Analyse beteiligen. Und schließlich bieten kleine Videofilme eine gute Möglichkeit und Grundlage, um sich mit den Eltern über die sprachlichen Fähigkeiten und Aneignungsstrategien ihres Kindes auszutauschen.

TIPP

Zum Vertiefen

Mehr zur Videodokumentation können sie im Praxismaterial »Die Sprache der Jüngsten entdecken und begleiten« nachlesen: Heft 1 »Schritt für Schritt in die Sprache hinein«, Seite 152.

Die Instrumente kurz vorgestellt

Alle Beobachtungs-, Dokumentations- und Reflexionshilfen finden Sie ab Seite 34. Vorweg stellen wir Ihnen diese in ihrem Aufbau vor. Dazu geben wir kleinere Praxishinweise und Lesetipps fürs vertiefte Nachlesen.

Die Orientierungsleitfäden

Die ursprünglichen Orientierungsleifäden (»Kinder-Sprache stärken!«, Heft 4) heben die wichtigsten Stichpunkte für die sprachliche Entwicklung in allen fünf Sprachbereichen hervor. Und zwar zu den Fragen »Was bringen Kinder mit?« und »Worum geht es im weiteren Verlauf der Kita-Zeit?«. Beispiele in der Rubrik »Was kann man entdecken im Bereich ...?« veranschaulichen, wie sich die Entwicklungsmomente bei den Kindern wiederfinden lassen.

Im Unterschied dazu beschreiben die Orientierungsleitfäden für die sprachpädagogische Arbeit in der Krippe zusätzlich fünf »Etappen im Spracherwerb« (»Die Sprache der Jüngsten entdecken und begleiten«). Sie machen die zunehmenden Fähigkeiten der Kinder sehr gut deutlich und betonen die Ganzheitlichkeit des kindlichen Spracherwerbs. Für jede Etappe lassen sich außerdem Entwicklungsschwerpunkte in den verschiedenen Sprachbereichen hervorheben. Denn im Spracherwerb eines Kindes hat jeder Entwicklungsschritt seine ganz besondere Bedeutung und drückt sich sein Sprachlernen in vielerlei Weise aus. Ein solcher Aufbau, der den Prozess des kindlichen Sprachlernens verdeutlicht, ist auch für die sprachpädagogische Arbeit mit Kindern im Kindergartenalter hilfreich.

Die Überarbeitung der Orientierungsleitfäden aus »Kinder-Sprache stärken!« verfolgt das Ziel, Beobachtungshilfen zum kindlichen Spracherwerb von null bis sechs Jahren in einem einheitlichen Aufbau zur Verfügung zu stellen, um eine durchgängige alltagsintegrierte Sprachbildung zu erleichtern. Entsprechend der Leitfäden für Kinder bis drei Jahren sind nun auch für den Spracherwerb der Drei- bis Sechsjährigen Etappen formuliert, die die Schwerpunkte der sprachlichen, kognitiven und sozial-kommunikativen Entwicklung der Kinder zusammenfassen und verdeutlichen.

Auf diese Weise haben Sie als pädagogische Fachkraft auf einen Blick vor Augen, wie die Erwerbsschritte in den verschiedenen Bereichen aufeinander aufbauen, und Sie können Prozesse in der individuellen Sprachentwicklung besser nachvollziehen. Durch die neue Strukturierung gewinnen die Orientierungsleitfäden außerdem an Klarheit und Übersichtlichkeit.

Was ist neu, was bleibt?

Damit die Orientierungsleitfäden direkt an die Leitfäden für jüngere Kinder anschließen, wurde jeder »alte« Leitfaden aus »Kinder-Sprache stärken!« auf seine inhaltliche Stimmigkeit und Aussagekraft in den Beispielen überprüft. So findet sich in der neuen Version zwar viel Bekanntes wieder, gleichzeitig werden Sie neue Formulierungen und treffendere Beispiele entdecken.

Fünf Sprachbereiche – Fünf Orientierungsleitfäden

Entsprechend dem weiten Blick auf Sprache und Spracherwerb umfasst das Paket der Orientierungsleitfäden auch weiterhin die fünf sprachlichen Bereiche:
- Laute und Prosodie
- Wörter und ihre Bedeutungen
- Grammatik: Satzbau und Wortbildung
- Kognition
- Kommunikation

Die zwei Orientierungsleitfäden zu den Grammatikbereichen »Satzbau« und »Wortbildung« (↗Heft 4 »Kinder-Sprache entdecken: die Orientierungsleitfäden«), sind für die bessere Übersicht in einem Orientierungsleitfaden »Grammatik« zusammengefasst.

Drei Etappen im Spracherwerb während der Kindergartenzeit

Untergliedert sind die Orientierungsleitfäden jeweils in drei Entwicklungsetappen. Sie schließen direkt an die Erwerbsetappen im Krippenalter an.

Mit Blick auf die kindliche Entwicklung in den oben erwähnten fünf Sprachbereichen konnten wir diese drei Erwerbsetappen in der Kindergartenzeit herausarbeiten:
- Mit sich und anderen im Dialog
- Zu neuen Perspektiven kommen
- Sich mit Sprache die Welt erschließen

INFO Die Beschreibung der Etappen finden Sie in diesem Ergänzungsmaterial ab Seite 25. Vorweg sind hier auch die Entwicklungsetappen der bis Dreijährigen vorgestellt. Den Abschluss des Kapitels bildet ein kleiner Ausblick darauf, welche Erwerbsaufgaben auf die Kinder in der Schule warten.

Überarbeitete Inhalte in einzelnen Orientierungsleitfäden

Inhaltliche Erweiterungen und Überarbeitungen gab es in diesen Orientierungsleitfäden:
- »Laute und Prosodie«: Hier nehmen wir bewusst eine detailliertere Darstellung der »phonologischen Bewusstheit« vor. Nunmehr unterscheiden wir zwischen »phonologischer Bewusstheit im weiteren Sinne« und »phonologischer Bewusstheit im engeren Sinne« (vgl. z.B. Kannengieser 2012).

Diese Unterscheidung ist sinnvoll, da sie im Entwicklungsprozess der Kinder einen deutlichen qualitativen Unterschied macht, der sich in der Zuordnung zu verschiedenen Entwicklungsetappen (s.u.) widerspiegelt. Während sich Fähigkeiten der phonologischen Bewusstheit im weiteren Sinne spontan und auf Grundlage der Wahrnehmung entwickeln, sind für Fähigkeiten der phonologischen Bewusstheit im engeren Sinne kognitive Voraussetzungen notwendig, die ein Analysieren der lautlichen Form eines Wortes ermöglichen, das völlig losgelöst von seiner Bedeutung ist.

- »Wörter und ihre Bedeutungen«: Hier haben wir missverständliche Formulierungen geschärft: Keineswegs ist es so, dass Kinder Wörter als »Namen« verstehen (so wie im ursprünglichen Orientierungsleitfaden und im Material formuliert). Vielmehr begreifen Kinder Wörter als Kategorien, die sie im Verlauf des Spracherwerbs immer wieder neu definieren.

INFO

Andere Bezeichnung

Fachkräfte, die bereits mit den Orientierungsleitfäden für Krippenkinder arbeiten, werden feststellen, dass der Sprachbereich jetzt mit »Wörter und ihre Bedeutungen« betitelt ist. Die Mehrzahl hat ihren Grund. Denn Kindergartenkinder verknüpfen mit Wörtern bereits differenzierte Vorstellungen. Auch entdecken sie die Bedeutungsvielfalt von Wörtern, zum Beispiel bei den Wörtern »Schimmel« oder »Schloss«.

Im neuen Gewand

Die Orientierungsleitfäden gibt es nunmehr als

- Karten-Set, das Sie beim Auswerten Ihrer Beobachtungen direkt neben sich legen können.
- Poster, die zum Beispiel im Gruppenzimmer oder im Eingangsbereich Anlass für Gespräche mit Kolleginnen/Kollegen oder Eltern sein können.

Auch in farblicher Hinsicht hat sich etwas getan. Wie die Leitfäden für die sprachpädagogische Arbeit in der Krippe präsentieren sich die Orientierungsleitfäden für den Kindergarten nunmehr in diesen Farben:

- Laute und Prosodie = Grün
- Wörter und ihre Bedeutungen = Orange
- Grammatik = Blau
- Kognition = Rot
- Kommunikation = Lila

Wie sind die »neuen« Orientierungsleitfäden aufgebaut?

Noch besser unterstützen die Leitfäden jetzt dabei, die sprachlichen Erwerbsprozesse von Kindern zwischen drei und sechs Jahren nachzuvollziehen und ihre verschiedenen Aneignungsstrategien zu entdecken und einzuordnen. Durch die veränderte Tabellenanordnung können Sie außerdem die kindlichen Beispieläußerungen den theoretischen Informationen zum Entwicklungsverlauf im jeweiligen Sprachbereich direkter zuordnen.

Jeder einzelne Orientierungsleitfaden ist in diese drei Spalten unterteilt:

1. Etappen im Spracherwerb
2. Was passiert in der Entwicklung?
3. Was lässt sich entdecken?

Was steht wo?

Spalte mit den »Etappen im Spracherwerb«

Diese Spalte benennt die drei Entwicklungsetappen, wie sie im Spracherwerb der Drei- bis Sechsjährigen zu beobachten sind: Mit sich und anderen im Dialog; Zu neuen Perspektiven kommen; Sich mit Sprache die Welt erschließen.

Spalte: »Was passiert in der Entwicklung?«

Hier sind für jede Etappe die wichtigsten Entwicklungs- und Veränderungsschritte im kindlichen Spracherwerb von Kindern im Kindergartenalter zusammengefasst.

Spalte: »Was lässt sich entdecken?«

Dazu veranschaulichen in dieser Rubrik typische Kinderäußerungen, was sich im Sprachhandeln der Kinder jeweils beobachten lässt. Sie bebildern die Theorie und stellen zugleich Anschauungsmaterial bereit, um im Sprachhandeln der »eigenen« Kita-Kinder ähnliche Phänomene zu entdecken.

Rubrik: Kinder mit anderen Ausgangsprachen als Deutsch

Wie in den ursprünglichen Orientierungsleitfäden gehen wir am Ende eines jeden Sprachbereichs auf die Besonderheiten ein, wenn Kinder zusätzlich zu ihrer/ihren Familiensprache(n) die deutsche Sprache erwerben.

Trotzdem können Sie die Orientierungsleitfäden auch für die deutschsprachige Entwicklung mehrsprachig aufwachsender Kinder heranziehen. Die Leitfäden helfen Ihnen dabei, Ihren Blick für die kindlichen Aneignungsstrategien zu schärfen. Entdecken können Sie zum Beispiel, wie die Kinder im Bereich der Wortbildung die Strategie der Übergeneralisierung anwenden, wie sie sich gedanklich mit Wortbedeutungen beschäftigen, an ihrer Aussprache feilen, mit Stimme und Lauten spielen und in Rollenspielen ihre kommunikative Kompetenz erproben.

Wichtig zu wissen ist aber, dass zwei- und mehrsprachig aufwachsende Kinder in jeder ihrer Sprachen grundsätzlich die gleichen Entwicklungsetappen wie einsprachige Kinder durchlaufen (vgl. Jampert u.a. 2011). Erwerben sie zusätzlich die deutsche Sprache, fangen sie also nicht bei »null« an. All ihr Sprachwissen, all ihre Eroberungen und Entdeckungen äußern sich aber womöglich noch nicht in ihrem deutschsprachigen Handeln. Gerade in ihren kognitiven und sozial-kommunikativen Fähigkeiten können die Kinder weiter sein als sie es vielleicht auf Deutsch auszudrücken vermögen. Das ist besonders der Fall, wenn Kinder erst viel später die deutsche Sprache erwerben. Darum können die rein deutschsprachigen Äußerungen eines Kindes mitunter wenig darüber aussagen, welche Etappe des Spracherwerbs es tatsächlich durchläuft. Um es in all seinen individuellen Kompetenzen wahrzunehmen, lohnt es sich, sein Handeln, seine Spiele und seine nonverbalen Äußerungen mit in den Blick zu nehmen.

TIPP

Zum Nachlesen

- Die Orientierungsleitfäden fassen die Theorie zum kindlichen Spracherwerb zusammen, wie sie in ↗Heft 1: »Wie kommt das Kind zur Sprache?« beschrieben und mit Beispielen aus dem Alltag der Kita bebildert ist.
- Dazu blickt ↗Heft 3: »Aufwachsen mit mehreren Sprachen« in verschiedenen Beiträgen noch einmal gezielt darauf, welche Kompetenzen mehrsprachig aufwachsende Kinder mitbringen und welche Herausforderungen sie beim Erwerb des Deutschen meistern (müssen).
- Ausführliche Hinweise zum Einsatz der Orientierungsleitfäden in der Praxis finden Sie in ↗ Heft 4: »Kinder-Sprache entdecken: die Orientierungsleitfäden«.

Praktisches im Umgang mit den Orientierungsleitfäden

Die Orientierungsleitfäden sind kein Instrument zur individuellen Sprachstandsmessung! Im Gegenteil: Sie sollen Ihnen dabei helfen, aus einer ganzheitlichen Perspektive den Prozess des kindlichen Spracherwerbs nachzuvollziehen – wie komplex er sich gestaltet und von welchen Aneignungsstrategien, Veränderungen und Lernschritten er begleitet ist. Der Blick richtet sich also auf den Weg an sich, den Kinder in die Sprache hinein gehen und weniger darauf, an welchen Meilensteinen sie ankommen (sollten). Die Orientierungsleitfäden können Sie damit in zweierlei Hinsicht in Ihrer sprachpädagogischen Arbeit unterstützen:

- Sie ermöglichen Ihnen einmal, sich für die verschiedenen sprachlichen Ebenen zu sensibilisieren und die Vielfalt von kindlichem Sprachhandeln in den unterschiedlichen Situationen des Alltags zu entdecken und gezielt wahrzunehmen.

- Zum anderen können die Leitfäden Ihnen bei der Dokumentation, Analyse und Reflexion von Kindersprache eine Art Stichwortgeber oder Nachschlagewerk sein, um die kindlichen Äußerungsformen und sprachlichen Fähigkeiten einzuordnen, nachzuvollziehen und in die weitere pädagogische Arbeit einzubeziehen.

Die Bedeutung der Etappen: Den Blick auf den Prozess richten

In genau dieses Verständnis ordnen sich die Etappen im Spracherwerb ein. Auch sie sind nicht dafür gedacht oder geeignet, ein Kind anhand fester Beobachtungspunkte im Vergleich zu normierten Daten in seiner sprachlichen Entwicklung zu bewerten. Denn die Etappen stellen keine in sich abgeschlossenen Entwicklungsstufen dar, keine separaten Phasen, die Kinder nacheinander durchlaufen.

Die Etappen betonen vielmehr den Prozesscharakter der kindlichen (Sprach-)Entwicklung. Denn in jedem Sprachbereich findet eine kontinuierliche Entwicklung statt und in jedem Sprachbereich sind die Übergänge fließend. Spätere Fähigkeiten bahnen sich schon zu früheren Zeitpunkten an, und Kinder ordnen ihr sprachliches Wissen immer wieder neu. An manchen Sprachthemen arbeiten sie außerdem über lange Zeit hinweg und in immer wieder neuen Varianten, zum Beispiel im Bereich der Wortbildung oder bei der Aneignung von abstrakten Zeitbegriffen wie »gestern«.

INFO

Ein Beispiel

Möglicherweise bewegt sich ein Kind im Wortbedeutungserwerb in der Etappe »Mit sich und anderen im Dialog«, während es im Bereich »Laute und Prosodie« schon in der nächsten Etappe experimentiert. Es verwendet vielleicht das Wort »gestern« mit noch ganz individueller Bedeutung, beginnt aber gleichzeitig, sich für Laute und Lautformen von Wörtern zu interessieren, womit sich also seine phonologische Bewusstheit bereits ankündigt.

Ohne Altersangaben

Ganz individuell probieren sich die Kinder aus, eignen sich ihre Sprache fortlaufend an, gehen mal kleine, mal große Lernschritte – ein jedes Kind in seinem eigenen Tempo. Keineswegs arbeiten sie die Lernetappen mechanisch Schritt für Schritt ab. Der Spracherwerb ist ein sehr individueller und alles andere als gradliniger Prozess, weshalb in der Entwicklung zwischen einzelnen Kindern auch große Unterschiede auftreten können. Um diese Individualität kindlichen Sprachlernens anzuerkennen, haben wir bewusst in den Orientierungsleitfäden auf Altersangaben verzichtet.

Die Etappen unterstützen Sie dabei, den Blick dafür zu schärfen, welche Entwicklungsspanne Kinder in ihrer Kindergartenzeit meistern, wie sich ihre sprachlichen Fähigkeiten zwischen drei und sechs Jahren verändern, mit welchen Sprachthemen sie sich zum Teil intensiv befassen und wie die Sprache zunehmend die Regie über ihr Wahrnehmen, Denken und ihre Kommunikation übernimmt, kurz: was sich im Ausdruckshandeln eines Kindes entdecken lässt und was dahinter steckt.

Spracherwerb als ganzheitliches Lernen entdecken

In Ihrer Spracharbeit unterstützt Sie dieser Blick auf den Prozess schließlich auch dabei, kindliches Sprachlernen als ganzheitliches Lernen wahrzunehmen und zu begleiten.

Kinder entdecken und verwenden die Sprache für ihre sozialen und geistigen Bedürfnisse. Das ist der Motor, der sie dazu antreibt und motiviert, ihre sprachlichen Fähigkeiten nach und nach auszubauen und zu erweitern. Eine ganzheitliche und prozessorientierte Sichtweise bedeutet insofern zu erkennen und anzuerkennen, wie die Entwicklungen in den verschiedenen Sprachbereichen zusammenspielen, wie sie sich gegenseitig befeuern und wie sie aufeinander aufbauen. Getreu dem Wissen: Im Spracherwerb geschieht nichts für sich allein.

TIPP

Im Beobachtungsalltag

Mithilfe der Etappen können Sie sich das Zusammenspiel der Entwicklungen in den verschiedenen Sprachbereichen gut vor Augen führen, wenn Sie die Orientierungsleitfäden nebeneinander legen und verfolgen, welche Schritte Kinder innerhalb einer Etappe in den verschiedenen Sprachbereichen gehen. Achten Sie einmal darauf, wie beispielsweise die sprachlich-kognitive Entwicklung mit der Grammatikentwicklung zusammenspielt. Zum Beispiel in der Etappe »Zu neuen Perspektiven kommen«: Kinder beginnen nun damit, die Dinge zu hinterfragen und ihnen auf den Grund zu gehen. Dazu erobern sie sich die nötigen grammatikalischen Mittel, wie den Nebensatz, mit dem sie zum Beispiel ihre Erklärungsmodelle und Schlussfolgerungen begründen können.

Das Dokumentationsschema

Mit dem Dokumentationsschema können Sie Kindersprache festhalten, auswerten und interpretieren. Der Bogen enthält alle Angaben, die für die kontinuierliche Beobachtung und Auswertung kindlicher Sprachäußerungen wesentlich sind.

Wie ist das Dokumentationsschema aufgebaut?

Im Aufbau orientiert sich das Schema an der Krippenversion. Bei einigen Feldern haben wir lediglich Hinweise zum Ausfüllen ergänzt.

- Auf der Vorderseite tragen Sie die Rahmendaten zum Kind ein. Dazu gehören Alter und Sprache(n) des Kindes sowie, seit wann es Ihre Eirichtung besucht, also auch, ob es bei Ihnen schon in der Krippe war. Mit kurzen Angaben zum Situationskontext und dazu, wie Sie das Kind in seinem kommunikativen Handeln erleben, ergänzen Sie Ihre Notizen auf dieser Seite.
- Auf der Rückseite halten Sie zunächst die Äußerungen des Kindes in wörtlicher Mitschrift fest, die Sie dann im unteren Feld mithilfe der Orientierungsleitfäden einordnen und interpretieren.

Praktisches zum Umgang mit dem Dokumentationsschema

Methodische Hinweise zur Dokumentation kindlicher Sprachäußerungen finden Sie in ↗Heft 4. Diese Hinweise formulieren zum einen konkrete Anregungen, in welchen Situationen Sie ein bestimmtes Sprachhandeln bei Kindern besonders gut beobachten können. Zum anderen enthalten sie Ideen dazu, wie Sie die Äußerungen eines Kindes als kurze Mitschrift festhalten und mithilfe der Orientierungsleitfäden reflektieren können. Die folgenden Anregungen ergänzen die Hinweise:

Pro Beobachtung auf einen Sprachbereich konzentrieren

Um im Alltag kindliches Sprachhandeln differenziert zu entdecken, lohnt es sich, jeden Sprachbereich getrennt in Augenschein zu nehmen. Setzen Sie beim Beobachten und Dokumentieren sozusagen eine »Sprachbrille« auf. So können Sie zum Beispiel die Sprachäußerung eines Kindes mit der Brille »Laute und Prosodie« oder mit der Brille »Kommunikation« beobachten. Vermerken Sie entsprechend auf dem Bogen, für welchen Sprachbereich die Dokumentation erfolgt (Vorderseite oben).

Kurze, aber zusammenhängende Mitschriften

Keineswegs müssen Sie umfangreiche Schreibarbeiten leisten. Eine gezielte Dokumentation kindlichen Sprachhandelns kann durchaus kurz sein. Notieren Sie aber eine Äußerung so, wie sie tatsächlich vom Kind geäußert wurde und möglichst in ihrem Handlungszusammenhang, zum Beispiel als Dialogausschnitt.

Auch nonverbale und stimmliche Äußerungen dokumentieren

Mimik, Körpersprache und Stimme gehören zur Sprache dazu. Dokumentieren Sie auch nonverbale oder stimmlichen Äußerungen eines Kindes. Zum Beispiel seinen Stimmeinsatz im Rollenspiel (Bereiche »Laute und Prosodie« oder »Kommunikation«). Sie können dazu eine eigene Sprachbeobachtung anfertigen oder dies als Ergänzung zum verbalen Handeln vermerken (zum Beispiel: spricht dabei mit piepsiger Stimme).

Zum Vertiefen TIPP

Weitere Tipps zur Dokumentation von Kindersprache finden Sie im Krippenmaterial »Die Sprache der Jüngsten entdecken und begleiten«, Heft 1, Seite 137.

Reflexionsbogen: sprachförderliche Potenziale des Kita-Alltags entdecken und nutzen

Nach dem DJI-Sprachbildungskonzept kann sprachliche Förderung überall und zu jeder Zeit im Kindergartenalltag stattfinden. Doch geht das »wie von selbst«? Wie können pädagogische Fachkräfte herausfinden, was in spezifischen Situationen und bei unterschiedlichen Aktivitäten an sprachlichem Potential für die Kinder steckt und warum Kinder in manchen Situationen sprachlich aktiv sind und in anderen nicht? Und welchen Einfluss haben die Gegebenheiten der Situation auf das sprachliche Handeln von Kindern und auch von pädagogischen Fachkräften?

Zu diesen und anderen Fragen bietet der »Reflexionsbogen: sprachförderliche Potentiale des Kita-Alltags entdecken und nutzen« Anregungen, indem er Merkmale der Situation festhält und mit dem Sprachhandeln der Kinder und dem Sprachhandeln der Fachkräfte in Bezug setzt. Dieses Vorgehen will dabei helfen, die Chancen und Hindernisse in konkreten Situationen für die sprachliche Bildung von Kindern im Einrichtungsalltag aufzufinden.

Für die sprachliche Entwicklung der Drei- bis Sechsjährigen gewinnen ein breiteres Themenspektrum (repräsentiert in der Kita durch die Bildungsbereiche) sowie das sprachliche Handeln mit anderen Kindern zunehmend an Bedeutung. Gleichzeitig verändert sich ihre sprachliche Interaktion mit der Erzieherin, dem Erzieher und mit anderen Kindern. Längere und intensivere Gespräche, das gemeinsame Planen, Nachdenken und Reflektieren, das Scherzen und Plaudern, das Aushandeln und Verhandeln und das Lernen mit und über Sprache gehören nun zum Alltag mit den Kindern dazu.

Der Bogen richtet den Blick auf

- die Situationen und Aktivitäten mit ihren Gegebenheiten und Gestaltungsmöglichkeiten und
- auf die in der Situation handelnden Akteurinnen und Akteure mit ihren Vorhaben, Wünschen und Absichten sowie mit ihren konkreten Äußerungen; auf die Kinder und pädagogischen Fachkräfte also.

Mit dieser Grundidee kann sich ein Team alle Situationen, Aktivitäten und Angebote des Kita-Lebens zur Reflexion vornehmen. Es geht darum, mithilfe des Reflexionsbogens aufzuspüren und zu analysieren, wie die sprachliche Atmosphäre in Situationen ist und wie Kinder in diesen Situationen sprachlich profitieren können. Im Konkreten geht es darum herauszuarbeiten,

- was an den in Augenschein genommenen Situationen/Aktivitäten für sprachliche Erfahrungen förderlich oder hinderlich ist,
- was pädagogische Fachkräfte bei den Kindern anregen wollen und wie sie dies umsetzen,
- worauf sie bei ihrem eigenen Sprachhandeln achten können,
- wie die Kinder die Situationen jeweils (individuell) sprachlich nutzen.

Das Ziel der Analyse mithilfe des Reflexionsbogens ist, aufmerksam zu werden für die unterschiedlichen Angebote und ihre Rahmenbedingungen, die Kinder in ihrem Spracherwerb unterstützen können und ihnen im Kita-Alltag mannigfache Gelegenheiten geben zum Erproben und Stabilisieren ihrer sprachlichen Fähigkeiten.

TIPP

Zum Vertiefen

Ausführlich beschrieben ist der Reflexionsbogen im Krippenmaterial »Die Sprache der Jüngsten entdecken und begleiten«, Heft 2, ab Seite 123.

Wie ist der Reflexionsbogen aufgebaut?

Der Bogen beleuchtet eine Situation aus verschiedenen Sichtweisen:

- Zunächst betrachtet er die konkrete Situation an sich mit ihren wesentlichen Merkmalen, mit ihren Zielen, ihrem Thema und ihrem Ablauf.
- In einem zweiten Schritt richtet sich das Augenmerk auf das Sprach-Handeln der Kinder. Hier ist es möglich, gezielt einzelne Kinder zu beobachten. Aber auch ein Rundumblick auf die sprachliche Atmosphäre in der Kindergruppe kann sich anbieten, ohne dabei zu sehr ins Detail gehen zu müssen.
- Die dritte Ebene beleuchtet das Sprach-Handeln der pädagogischen Fachkraft, wie sie im Austausch mit den Kindern ist oder wie sie Gespräche zwischen den Kindern moderiert.
- In einem letzten Schritt führen Impulsfragen zur Reflexion und Schlussfolgerung die drei Ebenen wieder zusammen.

INFO

Für den Sprachalltag im Kindergarten angepasst

Der Bogen orientiert sich in seinem Aufbau und in seiner Ausrichtung an der Krippenversion, wurde aber in seinen Analysefragen und in seinen Beispielen für die sprachpädagogische Arbeit im Elementarbereich angepasst. Gleichzeitig war es uns wichtig, dass der Bogen variable Vorgehensweisen erlaubt.

Vier Situationstypen

Der Bogen unterscheidet zwischen diesen Situationstypen im Alltag der Kita:

- Routinesituationen: wiederkehrende Situationen, die, wie der Morgenkreis, gewissermaßen den Tagesablauf in der Kita strukturieren
- Durch das Kind/die Kinder selbstgesteuerte Spiel- und Lernsituation, wie sie etwa während der Freispielzeit vorkommen
- Durch die Fachkraft angeleitete Spiel- und Lernsituation, zum Beispiel in einem der vier Bildungsbereiche oder innerhalb des Tagesablaufs als eine besondere, d.h. nicht täglich wiederkehrende, Aktivität
- Projektschritte innerhalb eines oder mehrerer Bildungsbereiche

Während die ersten drei Typen sich am Bogen für die Krippe orientieren, bezieht sich der letzte auf die vier Bildungsbereiche, wie sie im Praxismaterial »Kinder-Sprache stärken!« in den ↗Heften 2 und 3 Thema sind. In Projekten arbeiten Kinder über längere Zeit und in kleinen Schritten an einem Thema, zum Beispiel in einem Medien- oder Bewegungsprojekt. Jeder Projektschritt hat seine eigenen Inhalte und Gestaltungsmöglichkeiten, was sich auch auf das Spracherleben und -handeln der Kinder und der pädagogischen Fachkräfte auswirkt. So kann der gezielte analytische Blick auf einen Projektschritt dabei unterstützen, den nächsten Schritt auch sprachlich anzuknüpfen und entsprechend vorzubereiten.

Praktisches zum Umgang mit dem Reflexionsbogen

Der vorliegende Bogen ist in erster Linie für die Reflexion im Team konzipiert, kann aber auch für die kollegiale Beratung im Tandem hilfreich sein. Ebenso kann der Bogen bei der Planung und Einschätzung der eigenen Sprachförderideen helfen. Insofern sind beim Einsatz des Bogens verschiedene Vorgehensweisen denkbar. Sie können

- sowohl alle Bereiche als auch einzelne Bereiche betrachten und besprechen,
- die sprachliche Atmosphäre in einer Situation oder in der Kindergruppe in den Blick nehmen (ohne dabei zu sehr ins Detail zu gehen),
- Ihr Augenmerk gezielt auf einzelne Kinder lenken,
- das Handeln und Sprachhandeln von Kindern oder Ihr eigenes Dialoghandeln mithilfe der anderen Instrumente detailliert analysieren.

Wählen Sie aus

Der Bogen ist kein starres Instrument. Er lebt von Ihrem professionellen Wissen und Vorgehen. Die Fragen wollen Sie zum Nachdenken anregen. Keineswegs müssen sie alle abgearbeitet werden, zumal nicht jede Frage auf jede Situation passt. Wählen Sie darum »Ihre« Fragen aus, die Ihnen zutreffend erscheinen und passen Sie die Fragebereiche Ihrer Praxis an.

Mit und ohne Video

Der Bogen eignet sich für alle Formen dokumentierter Situationen im Tagesablauf der Kita:

- Die Videodokumentation bietet viele Vorteile, besonders für die Teamreflexion. Mit einem gewissen Abstand können Sie die sprachlichen Bildungssituationen Ihres Alltags in aller Ruhe analysieren. Die Aufzeichnung kann mehrmals hintereinander angeschaut und immer wieder gestoppt werden, und alle im Team können mitreden, auch wenn sie selbst in der Situation nicht dabei waren.

- Wenn die Videoaufzeichnung für Sie Neuland ist, können Sie den Bogen im kollegialen Tandem einsetzen. Das »Kameraauge« ist dann Ihre Kollegin bzw. Ihr Kollege. Während der Durchführung der Situation macht sie oder er sich Notizen, die Sie im Anschluss gemeinsam reflektieren. Dort fließen dann auch Ihre Wahrnehmungen und Ihr Erleben der Situation mit ein. Allzu detailreich werden bei diesem Vorgehen Ihre Analysen vielleicht nicht werden, zumal das Mit-Notieren während der Situation hohe Aufmerksamkeit verlangt. Aber einen Eindruck von der sprachlichen Atmosphäre, der sprachlichen Beteiligung der Kinder und wie sie für ihr Sprachlernen profitieren konnten, diesen Eindruck werden Sie sicher gewinnen.

Vertiefte Analyse mit den anderen Instrumenten

Möchten Sie das Sprachhandeln der Beobachtungskinder und Ihr eigenes Dialoghandeln im Detail und mithilfe einer Videodokumentation analysieren, können Sie die jeweils passenden ↗Orientierungsleitfäden sowie die ↗Leitfragen zum Dialoghandeln hinzuziehen. In diesem Fall ist es jedoch ratsam, wenn sich die Auswahl für die Analyse auf überschaubare und kleinere Situationseinheiten konzentriert. Eine Videosequenz von drei bis höchstens fünf Minuten reicht dann völlig, um die verschiedenen Ebenen in der ausgewählten Situationseinheit vertieft zu analysieren.

Leitfragen zum Dialoghandeln

Kinder erwerben Sprache im Dialog, mit Menschen, die sich dafür interessieren, was sie zu sagen haben. Sich der eigenen Kompetenzen und Möglichkeiten im Dialog mit Kindern bewusst zu sein, ist die Voraussetzung für eine offene und sprachanregende Gestaltung von Situationen. Die »Leitfragen zum Dialoghandeln« sollen Sie dabei unterstützen, Ihr Sprach-Handeln im Austausch mit Kindern detailliert in Augenschein zu nehmen, um es im Kontext von Situationen und deren Bedingungen zu reflektieren. Sie knüpfen an den »Leitfragen zur Dialoghaltung« für die Interaktion mit Krippenkindern an.

TIPP

Zum Vertiefen
Mehr zur »Dialoghaltung« im Material »Die Sprache der Jüngsten entdecken und begleiten«, Heft 2, ab Seite 25.

Ausgangspunkt ist ein authentisches und individuelles Dialoghandeln, das der Aufmerksamkeit des Kindes folgt, sich wechselseitig gestaltet und durch Stimme, Mimik und Körpersprache Interesse und Zuwendung signalisiert.

Es geht um einen Dialog mit Kindern auf Augenhöhe, in dem Sie sich als Individuum, als einzigartige Persönlichkeit in alltäglichen Situationen im Gespräch mit Kindern einbringen. Nicht die Sprache lehren zu wollen, soll im Vordergrund stehen, sondern das echte Interesse daran, mit einem Kind oder mehreren Kindern in den Austausch zu treten.

Kinder zum gemeinsamen Denken anzuregen, sie zu ermutigen, ihr Wissen oder ihre Vermutungen zu äußern und zu eigenen Schlussfolgerungen zu kommen, beherbergt ein ebenso großes Anregungspotenzial für das Sprachlernen der Drei- bis Sechsjährigen wie das vergnügte Spiel mit Lauten, dem Reden über Wortbedeutungen oder die Anregung zu ersten Schrifterfahrungen. Die »Leitfragen zum Dialoghandeln« mit Kindern im Kindergartenalter greifen diese und andere Sprachlernthemen auf.

TIPP

Anregungen und Beispiele
Im Material »Kinder-Sprache stärken« in den Heften 1, 2a und 2b sowie in Heft 3 finden Sie vielfältige Hinweise und interpretierte Praxisbeispiele für Dialoge, die Kinder im Kindergartenalter in ihrer sprachlich-geistigen, sozial-kommunikativen und sprachlichen Entwicklung bereichern.

Wie sind die Leitfragen aufgebaut?

Die Leitfragen bestehen aus drei Teilbereichen und ergänzen die Fragen zum »Sprach-Handeln der pädagogischen Fachkraft« im oben vorgestellten ↗»Reflexionsbogen« zur Analyse und Reflexion von Alltagssituationen. Der Blick richtet sich auf

- die Aufmerksamkeit für die Gesprächsimpulse von Kindern und auf ihre verbalen und nonverbalen Beiträge,
- die Gestaltung von Dialogen, zu der zum Beispiel die Wechselseitigkeit des Austausches oder die Verständnissicherung gehören,
- die sprachliche Anregung der Kinder, um zum Beispiel Gedanken zu formulieren, eigenes Erleben oder Wissen zu äußern, um mit anderen Kindern sprachlich zu handeln. Je nach Situation und Thema können unterschiedliche Leitfragen im Mittelpunkt stehen.

Praktisches zum Umgang mit den Leitfragen

Auch hier gilt zunächst: Die Fragen sollen Sie zum Nachdenken anregen. Wählen Sie aus, was Ihnen für die Dialogsituation wichtig und passend erscheint. Sie können weiterhin

- mit den Leitfragen nur Ihr Dialoghandeln in Augenschein nehmen oder
- die Leitfragen ergänzend heranziehen, wenn Sie mit dem ↗»Reflexionsbogen zur Analyse und Reflexion von Alltagssituationen« zum Beispiel eine Situationseinheit vertieft analysieren möchten.

Kollegiale Beratung

Die Leitfragen eignen sich ebenfalls für die Teamreflexion oder kollegiale Beratung im Tandem. Viele pädagogische Fachkräfte aus unseren Sprachprojekten erlebten es als anregend, mit ihren Teamkolleginnen und -kollegen Situationen und das eigene Dialoghandeln zu reflektieren. Voraussetzung dafür aber ist, dass die Teamreflexion den Grundregeln des Dialogs folgt: offen aufeinander einzugehen, auf der Sachebene zu bleiben und sich gegenseitig zu inspirieren.

- Seien Sie mit sich selbst und Ihren Kolleginnen/Kollegen genauso kompetenzorientiert wie mit Ihren Kindern. Gerade auf sich selbst ist der kritische Blick groß und schnell geraten nur noch Handlungsweisen in den Blick, die im Dialog mit dem Kind vielleicht nicht so gelungen waren.
- Nehmen Sie stattdessen eine forschende Haltung ein. Wichtig ist, dass Sie Ihr Dialoghandeln immer wieder bewusst reflektieren: Wie verhalte ich mich? Warum verhalte ich mich so? Was möchte ich ändern oder ausprobieren?

TIPP

Zum Vertiefen
Diese und weitere Tipps zur Teamreflexion von Dialogen mit Kindern finden Sie in:

- Best P., Laier M., Jampert K., Sens A., Leuckefeld K. (2011): Dialoge mit Kindern führen. Die Sprache der Kinder im dritten Lebensjahr beobachten, entdecken und anregen. Herausgegeben von der Baden-Württemberg Stiftung. verlag das netz
- Born-Rauchenecker E. (2015): Einheit 2, Mit jungen Kindern im Dialog. In: Best P., Bode J., Born-Rauchenecker E., Jooß-Weißenbach M., Schlipphak K. (Hrsg.) (2015): Qualifizierungsmaterial zum Konzept »Die Sprache der Jüngsten entdecken und begleiten«. Multimediales Handbuch für den Einsatz in der Weiterbildung. verlag das netz

So wie der Spracherwerb von Kindern ein komplexer Prozess ist, so ist es ein fortwährender Prozess, sie darin individuell zu begleiten und zu unterstützen. Sich theoriegeleitet der eigenen Möglichkeiten und Stärken im Dialog mit unterschiedlichen Kindern und in den verschiedenen Kita-Situationen bewusst zu sein, zeichnet Ihr professionelles Handeln als pädagogische Fachkraft aus. Im nächsten Kapitel »Kindersprache entdecken, beobachten, begleiten und stärken« finden Sie nun die Instrumente in dieser Reihenfolge vor:

- Etappen im Spracherwerb: Spannende Herausforderungen und Möglichkeiten in der Kindergartenzeit
- Die Orientierungsleitfäden zu den fünf Sprachbereichen
- Das Dokumentationsschema
- Reflexionsbogen zur Analyse und Reflexion von Alltagssituationen
- Leitfragen zum Dialoghandeln

Kindersprache entdecken, beobachten, begleiten und stärken

Etappen im Spracherwerb – spannende Herausforderungen und Möglichkeiten in der Kindergartenzeit

Was bringen Kinder sprachlich in die Kita mit?

Kommen Kinder mit etwa drei Jahren in den Kindergarten, haben sie mit Sprache schon viel erlebt. Die Sprache ist Teil ihrer Persönlichkeit und Ausdruck ihres geistigen und sozialen Handelns. Sie wissen, wie das miteinander Reden funktioniert und was sich mit Sprache ausdrücken, bezeichnen und bewirken lässt. Sie haben gelernt, dass Wörter stellvertretend für etwas stehen, und es deshalb möglich ist, über Dinge und Menschen zu sprechen, die gar nicht da sind. Und sie haben die Sprache als eine Art Zauberstab entdeckt, mit dem sie ihre Spielumwelt fantasievoll umdeuten und gestalten.

Ganz selbstbewusst handeln die meisten Kinder schon mit Sprache und ihr Rucksack ist reich gefüllt mit Lauten, Wörtern und grammatikalischen Mitteln, die es ihnen möglich machen, sich verbal zu verständigen. Im Austausch mit Erwachsenen, von Angesicht zu Angesicht, gelingt das schon gut, obwohl die Äußerungen der Kinder noch sehr individuell sind. Denn ihr vorhandener Sprachschatz speist sich aus ihren ganz eigenen Erfahrungen und Vorlieben, weshalb sie sich zu einigen Themen ausgesprochen wortreich äußern, zu anderen dagegen eher wortkarg sein können.

Bald aber wird auch Telefonieren mit Oma immer besser klappen. Dann nämlich, wenn die Kinder beginnen, mit zu berücksichtigen, dass die Person am anderen Ende der Leitung nicht sehen kann, wo sie sich gerade befinden, wohin sie zeigen oder womit sie während des Telefonats spielen; die Oma also auch nicht verstehen kann, was es mit dem »Dododil« auf sich hat, von dem sie ihr begeistert erzählen. Der Perspektivenwechsel steht bevor, eines der großen Sprachthemen, die in der Kindergartenzeit auf die Kinder warten.

Bevor wir uns dem Spracherwerb in der Kindergartenzeit zuwenden, werfen wir erst noch mal einen Blick zurück auf die ersten drei Jahre und darauf, wie Kinder die Sprache Schritt für Schritt für sich entdecken und wie sich ihr Sprach-Rucksack immer mehr füllt.

Im Überblick: Der Spracherwerb in den ersten drei Jahren

Wie gelingt es Kindern innerhalb weniger Jahre erfolgreich mit Sprache zu handeln, um zum Beispiel ihre Wünsche zu formulieren, um mit anderen Kinder zu spielen und von sich zu erzählen? Sprache zu erwerben bedeutet ja nicht nur zu sprechen, also Laute zu artikulieren, Wörter und Sätze zu formulieren. Sprache zu erwerben bedeutet vor allem, die Sprache als ein vielseitiges Werkzeug für die Kommunikation und für die geistige Vorstellungswelt zu entdecken und zu nutzen.

Aus unserem Material »Die Sprache der Jüngsten entdecken und begleiten« stellen wir hier die »Fünf Etappen im Spracherwerb der ersten drei Jahre« vor. Aus dem Material »KinderSprache stärken!« greifen wir damit die Frage auf »Was bringen Kinder mit?«, wie sie auch in den Kapiteln zu den Sprachbereichen und in den Orientierungsleitfäden formuliert ist.

Der wortgetreue Abdruck der Etappen soll Sie außerdem darin unterstützen, die daran anschließenden Etappen der Kindergartenzeit hier besser einordnen und nachvollziehen zu können. Besonders für die erste Zeit der Kinder im Kindergarten kann es außerdem hilfreich sein zu wissen, welche Spracherfahrungen sie mitbringen und womit sie sprachlich gesehen gerade beschäftigt sind. Wie in allen Entwicklungsbereichen gibt es auch im Spracherwerb Übergänge und kaum werden Kinder mit exakt drei Jahren eine neue Etappe in ihrer Sprachentwicklung beschreiten. So ist es möglich, auch dann mit den »neuen« Orientierungsleitfäden aus diesem Ergänzungsmaterial zu arbeiten, wenn Ihnen das Praxismaterial »Die Sprache der Jüngsten entdecken und begleiten« nicht zur Hand ist.

Etappe 1: Alles auf Empfang

Säuglinge sind mit ihren körpersprachlichen und stimmlichen Mitteln ausgesprochen ausdrucksstark. Im Dialog mit ihren Bezugspersonen erleben Säuglinge und Kleinkinder die Wirkung der stimmlichen Zuwendung in zweifacher Hinsicht: Einmal als Empfänger sprachlicher Botschaften wie etwa durch das Hören beruhigender Wiegenlieder. Und zum anderen machen die Kinder immer wieder die Erfahrung, dass die Bezugspersonen auf ihre »gesendeten« Töne und Laute reagieren. So erfahren sie, dass der Einsatz lautlicher Äußerungen ausgesprochen wirksam ist, weil dadurch der Dialog mit anderen in Gang kommt und aufrechterhalten werden kann.

Die Kinder schaffen sich auf diese Weise Übungssituationen, um mit ihren Sprechwerkzeugen (zum Beispiel Lippen und Zunge) zu experimentieren. Das ist eine große Herausforderung, denn an der Produktion eines einzelnen Lautes können bis zu 100 unterschiedliche Muskeln beteiligt sein. Die Kinder rüsten sich so für die späteren Aufgaben im Spracherwerb. Besonders typisch für diese Phase ist – neben dem Ausprobieren der Stimme – das beginnende Babbeln (»mamamamam«). In dieser Phase sind Kinder gleichzeitig damit beschäftigt, sich in die Melodie ihrer Umgebungssprache(n) weiter einzuhören. Dies stellt die Weichen für die Wortschatz- und Grammatikentwicklung.

Etappe 2: Miteinander Aufmerksamkeit teilen

Die Fähigkeit zur geteilten Aufmerksamkeit bereitet den Boden für einen großen Entwicklungsschub in den kommunikativen und kognitiven Fähigkeiten von Kindern. Geteilte Aufmerksamkeit heißt, dass es den Kindern nun gelingt, sich gemeinsam mit einer Person einer Sache zu widmen und die Aufmerksamkeit hierbei gleichzeitig auf die Person und die Sache zu richten.

Im Rahmen solcher Situationen der geteilten Aufmerksamkeit können Kinder eine für sie völlig neue Bedeutung von Sprache entdecken: Es gibt einen Zusammenhang zwischen bestimmten Lauten und Objekten, die sie gemeinsam mit ihren Bezugspersonen im Visier haben. Diese Entdeckung ist faszinierend für die Kinder, und sie beschäftigen sich eine sehr lange Zeit mit dieser – für uns Erwachsene selbstverständlichen – Erkenntnis, dass es eine Verbindung zwischen den Lauten und der Welt der wahrnehmbaren Objekte gibt. Kinder verwenden neben dem Babbeln die Zeigegeste in Verbindung mit Äußerungen wie »da« und »eh«. Hiermit zeigen sie deutlich an, dass sie sich auf dem Weg in die Welt der Wörter befinden.

Etappe 3: Erste Wörter als Werkzeug

Kinder verwenden in dieser Phase wenige Wörter, arbeiten an diesen aber sehr intensiv. Sie sind zum Beispiel mit Feinheiten der Lautproduktion beschäftigt, denn die Abfolge von unterschiedlichen Lauten innerhalb eines Wortes ist kein Kinderspiel.

In dieser Etappe sind Kinder sich schon sicher, dass zu Objekten eine Bezeichnung gehört. Mit wahrer Leidenschaft etikettieren sie Dinge und Personen aus ihrer Umwelt und greifen dabei sowohl auf lautmalerische Ausdrücke (»brrrr«) als auch auf erste Wörter (»Auto«) zurück.

Ein auffälliges Kennzeichen dieser Etappe ist die Großzügigkeit – aus Erwachsenensicht könnten wir auch sagen die Willkürlichkeit –, mit der Kinder ihre Wörter einsetzen. Mit dem Wort »Auto« können zunächst neben Autos auch alle anderen Fahrzeuge (Flugzeug, Bus) bezeichnet werden. Mit diesen ersten Wörtern bringen Kinder schon komplexe Botschaften zum Ausdruck: Je nachdem, wie ein Wort betont ist (»Auto«, »Auto?«), kann es sich um eine Mitteilung oder um eine Frage handeln.

Etappe 4: Wörter-Welten

Als übergreifendes Thema entdecken Kinder nun den Zusammenhang. Dies zeigen sie uns sowohl im veränderten Sprachhandeln als auch in ihren Handlungen. War es bislang vor allem die Funktionslust, die Freude am Hantieren mit verschiedenen Objekten, die ihr Tätigsein bestimmte, so werden die spielerischen Aktivitäten und Handlungen von Kindern nun zunehmend in Zusammenhänge gestellt. Zum Beispiel wird die Puppe nun gefüttert, weil sie Hunger hat.

Zunächst sind es sehr vertraute und täglich erlebte Erfahrungszusammenhänge, die Kinder spielerisch und sprachlich aufgreifen. Nach Erreichen der magischen 50-Wort-Grenze wächst nun auch der Wortschatz rasant. Dies führt dazu, dass Kinder beginnen, Wörter zu Zwei- oder Mehr-Wort-Äußerungen zu kombinieren (»Keks haben«, »Mutti Oma edangt«) und dadurch ihre Bedürfnisse und Beobachtungen auszudrücken.

Etappe 5: Macht der Sprache

Als letztes großes Highlight im dritten Lebensjahr entfaltet sich die Grammatik und eröffnet eine Vielzahl neuer Möglichkeiten. Auch der Wortschatz wächst in dieser Phase stetig weiter: Kinder greifen neue Wörter nun in der Regel schnell auf. Jetzt können Erwachsene durch die zunehmenden grammatikalischen Fähigkeiten der Kinder viel leichter aus den rein sprachlichen Äußerungen der Kinder heraushören, auf was sie sich beziehen.

Dies ist eine wichtige Voraussetzung für ein Handeln mit Sprache, das über die Gegenwart und die Situation hinausgeht. Denn im Rahmen der letzten Etappe vollzieht sich ein weiterer entscheidender Fortschritt von Kindern bei der Aneignung von Sprache: Sie beginnen, ihr Handeln und ihre Spielumgebung fantasievoll und kreativ zu deuten und verwenden Sprache als ein Medium, mit dem sie anderen von sich und ihren Erlebnissen erzählen können.

Aus: Jampert K. u.a (Hrsg.) (2011): Die Sprache der Jüngsten entdecken und begleiten, Heft 1, Schritt für Schritt in die Sprache hinein. verlag das netz, Seite 24 ff.

Worum geht's im weiteren Verlauf der Kita-Zeit?

Auch wenn Kinder mit etwa drei Jahren schon viel Sprachwissen mitbringen, so ist ihr Spracherwerb noch lange nicht abgeschlossen. Mit der Erweiterung ihrer Sprachkompetenzen verändern sich ihr Wahrnehmen, ihr Denken und ihre Kommunikation. Zum Dialog mit Erwachsenen wird es Kindern nun immer wichtiger, mit Gleichaltrigen auch sprachlich zu handeln. In ihren Spielen und in vielen Begegnungen am Tag erproben sie, welche kommunikativen Mittel für ihre sozialen Beziehungen in der Kindergruppe nützlich und hilfreich sind.

Mit Beginn der Kindergartenzeit eröffnet sich den Kindern aber nicht nur eine Vielzahl an neuen Kontakten, sondern auch ein Vielzahl an erweiterten Handlungsräumen und reizvollen Aktivitäten: Pläne für Projekte schmieden, den Dingen auf den Grund gehen, Entdeckungen machen, Phänomene hinterfragen und mit den Freundinnen und Freunden gemeinsames Erleben teilen – all das und noch mehr bestimmt nun ihr Sprachhandeln und ist verknüpft mit dem Bedürfnis nach einer aussagekräftigen und reichhaltigen Sprache.

Auch die Sprache selbst wird zum Gegenstand ihrer Aufmerksamkeit. Die Kinder werden hellhörig und neugierig. Sie erfragen, hinterfragen und erklären Wörter, sie entdecken, dass Wörter sich reimen, erfinden selbst Reime oder fantasievolle Lautfolgen und entwickeln ein reges Interesse an Buchstaben und Symbolen – sie entdecken die Schrift.

Kurzum: Eine spannende Zeit mit vielen sprachlichen Herausforderungen wartet auf die Kinder, die sie – wie bisher auch – Schritt für Schritt meistern.

Etappe 6: Mit sich und anderen im Dialog

Während sich die Kinder in den Anfängen der Kindergartenzeit noch intensiv mit der »Macht der Sprache« befassen, wird ihr Sprachhandeln allmählich reichhaltiger. Neue Sprachthemen bahnen sich jetzt für sie an. Sie machen sich daran, schwierige Laute und Lautkombinationen zu erobern und füllen ihr Wortschatzpäckchen zu einem ansehnlichen Paket auf. Darin sind viele neue Verben und Adjektive enthalten, aber auch Wörter mit denen sich Sätze verbinden lassen (zum Beispiel »und«), sodass ihre Äußerungen zunehmend länger werden. Das ist auch nötig. Denn immer wichtiger ist es ihnen, ihr Handeln, Wahrnehmen und ihre Erlebnisse differenziert auszudrücken. Mit Erwachsenen gelingen ihnen schon richtige kleine Gespräche, in denen sie sprachgewandt Rede und Antwort stehen. Überhaupt ist die Sprache der Kinder jetzt hörbar präsenter. Sie erzählen gerne von sich, sie begleiten ihr Handeln mit selbst erfunden Lautfolgen, und sie haben Spaß daran, mit Sprache fantasievoll und spielerisch umzugehen, zum Beispiel in Quatschdialogen.

Besonders aber führen sie nun häufig »Selbstgespräche«. Sie sprechen zum Beispiel beim Malen oder in der Puppenecke leise vor sich hin. Dieser »Dialog mit sich selbst« ist ein hörbares Zeichen dafür, wie sich das sprachliche Denken der Kinder entfaltet. Parallel zur äußeren entsteht die innere Sprache. Sprache, in Form von laut geäußerten Gedanken, unterstützt die Kinder nun darin, sich Vorstellungen über sich selbst zu machen und eine veränderte Sicht auf ihre Umgebung zu entwickeln. Damit machen sie sich auch bereit für den Perspektivenwechsel. In ihren Sprachäußerungen lässt sich schon jetzt zum Beispiel beobachten, wie sie für die Bedürfnisse ihres Gegenübers aufmerksam werden. Oder wie sie sich an Wörter für Zeit und Raum herantasten, etwa an das Wort »gestern«, das sie zunächst noch mit ganz individueller Bedeutung füllen.

So wird die Sprache den Kindern immer mehr zu einem geistigen Schatz, der es ihnen ermöglicht, zunehmend freier und selbständiger mit Sprache zu handeln. Das zeigt sich auch in der sprachlichen Begegnung mit anderen Kindern. Das Rollenspiel ist ihnen nun ein wichtiger »Spielplatz«. Dort schlüpfen sie zwar noch nicht bewusst in Rollen, doch üben sie sich intensiv darin, in der Kindergruppe ganz eigenständig verbal zu handeln und zu kooperieren.

Etappe 7: Zu neuen Perspektiven kommen

Die Fähigkeit zum Perspektivenwechsel verändert die Aktivitäten der Kinder und die Themen, mit denen sie sich beschäftigen. Jetzt entwickeln Kinder Vorstellungen darüber, was in anderen Köpfen vor sich geht und sie lernen, die Gedankenwelt ihres Gegenübers für ihr eigenes Handeln zu berücksichtigen. Zunehmend gelingt es ihnen, sich in die Lage anderer hineinzuversetzen, um deren Absichten, Motive und Kenntnisse nachzuvollziehen. Auch in ihren

Rollenspielen beschäftigen sich Kinder intensiv damit, die Perspektive von anderen einzunehmen. Jetzt sind sie bereit dazu, ganz bewusst ihr mittlerweile stabiles »Ich« zu verlassen, um in Rollen ihrer sozialen Umgebung zu schlüpfen, zum Beispiel in die Rolle einer Ärztin, eines Vaters oder eines Babys. Auch sprachlich gestalten sie ihre Rolle aus, etwa durch typische Redeweisen und Veränderung ihrer Stimme. Mit formelhaften Redewendungen wie »Aus Spaß ...« verständigen sie sich außerdem über den Spielverlauf; also darüber, wie Äußerungen und Handlungen im Spiel selbst zu verstehen sind. Auf diese Weise bauen sie zugleich ihre metakommunikativen Fähigkeiten aus.

Die neue geistige Beweglichkeit der Kinder zeigt sich auch daran, wie sie sich intensiv mit unterschiedlichen räumlichen und zeitlichen Differenzierungen beschäftigen, wie sie hartnäckig nach Ursachen für Phänomene fragen und kreativ ihre ganz eigenen Zusammenhänge überlegen. Weil sie mittlerweile gedanklich über die Sprache verfügen, können sie sich nun über rein verbale Erklärungen neues Wissen erschließen oder ihr Wissen kundtun. Auch die Sprache selbst entdecken Kinder als ein interessantes Wissensgebiet. Sie erfragen zum Beispiel die Bedeutung von Wörtern oder erklären Wörter. Und schließlich werden den Kindern Fragen wie »Wer ist meine Freundin?« oder »Bist du mein Freund?« ein wichtiges Thema. Es zeigt, wie sie sich gedanklich mit ihrer Position in der Kindergruppe beschäftigen und gleichzeitig sehr damit befasst sind, sich von Wörtern für soziale Beziehungen und Werte buchstäblich einen Begriff zu machen.

Ihre komplexe Gedankenwelt erfordert eine komplexe Grammatik, so dass die Kinder im Satzbau, bei der Eroberung von Zeitformen und im Gebrauch der grammatischen Fälle ebenfalls große Schritte gehen – um zum Beispiel ihre Erklärungen, Erkenntnisse, Wünsche und Ideen zu begründen, um zu vergleichen, oder, um genau auszudrücken, wer was wann und mit wem getan hat. Gleichzeitig werden sie hellhörig für den Wortklang. Sie nehmen nun zum Beispiel wahr, dass Wörter mit ähnlichen Lauten enden, sie interessieren sich für Laute und Lautformen, sie singen selbst komponierte Verse und setzen im Rollenspiel ihre stimmlichen Möglichkeiten gezielt ein. Mit diesen Anfängen der phonologischen Bewusstheit entwickeln Kinder eine neue Perspektive auf die Sprache, die sich getrennt vom Inhalt allein die Form der Sprache zum Thema macht.

Etappe 8: Sich mit Sprache die Welt erschließen

Sprache ist mittlerweile das zentrale Ausdrucksmittel der intellektuellen und sozialen Fähigkeiten der Kinder. Sichtbar in ihrem Sprachhandeln wird das an ihrem Interesse für komplexe Sachverhalte und an ihren Überlegungen, die sie über die Welt, die Menschen und den Alltag anstellen. Das Reden und (hörbare) Nachdenken nimmt in ihrem Handeln immer mehr Raum ein. Kein Wunder, denn ihr Wort- und Grammatikwissen ist mittlerweile so umfassend, dass sie sich ausgiebig zu Wort melden können. Sie entwickeln ein hinterfragendes und reflexives Sprachhandeln, in dem sie sich mit den Hintergründen und Zusammenhängen von Ereignissen und mit den Motivationen und Zielen von sich selbst und von anderen befassen. Rein gedanklich gelingt es ihnen dabei, verschiedene Perspektiven einzubeziehen. Ihr wachsendes Interesse an präzisen (Fach-)Begriffen und ihr beginnendes Mengenverständnis drücken sich in ihrem Wortschatz ebenso aus, wie ihre Fähigkeit, zwischen geistigen Vorgängen zu unterscheiden, beispielsweise zwischen »etwas zu wissen« oder »etwas zu glauben«.

Im Kita-Alltag wird die Sprache den Kindern zum wichtigsten Mittel, um ihre sozialen Beziehungen zu gestalten, sich dabei mit ihrem Wissen, ihren Ideen und Vorstellungen einzubringen. Sie plaudern und scherzen, streiten und versöhnen sich, berichten und fabulieren. Immer besser gelingt es ihnen, etwa in der Morgenrunde, längere Gespräche zu führen, sich gegenseitig zuzuhören und sich mit ihren Äußerungen auf verschiedene Redebeiträge zu beziehen. Auch passen die »Großen« ihr Kommunikationshandeln der Situation und den Personen an, mit denen sie kommunizieren. Etwa, wenn sie sich mit Stimme und Wortwahl auf die Verstehensfähigkeiten der Jüngsten in der Kindergruppe einstellen.

Grammatikerwerb und Erzählkompetenz befähigen die Kinder dazu, mit Sprache komplexe Fantasiewelten entstehen zu lassen, sich erste kleine Geschichten auszudenken und ihre Erlebnisse dramaturgisch spannend zu schildern.

Und schließlich erkunden Kinder die Welt der Schrift: Sie sind fasziniert von Buchstaben und Zahlen, sie schreiben auf, was sie hören, entwerfen ihre ganz eigenen Symbole und werden sensibel für den Unterschied von mündlicher und schriftlicher Sprache. Mit der Schrift wird die Sprache für Kinder sichtbar und begeistert entdecken sie, wie ihre Gedanken, die sie in Worte fassen, aufs Papier wandern und dort immer wieder von ihnen und anderen gelesen werden können. Wer schreibt, der bleibt.

Ausblick: Und was kommt nach der Kita?

Bis zum Ende der Kindergartenzeit erwerben Kinder vielfältige Kompetenzen im System ihrer Umgebungssprache, wie Aussprache, Wortschatz und grammatische Regeln. In ihrem Entwicklungsprozess geht es auch ganz wesentlich um die Aneignung von Sprache als ein Instrument zur Organisation ihres geistigen und sozialen Handelns.

Doch ist mit Schuleintritt die kindliche Sprachentwicklung noch nicht abgeschlossen (Schulz 2007; Wildemann 2014). In der Grundschule geht es für die Kinder zum Beispiel nicht nur darum, ihren Wortschatz zu erweitern, sondern auch darum, vertraute Wörter in völlig neuen Sinnzusammenhängen zu gebrauchen und ein allgemeines Wortverständnis zu entwickeln. Sie festigen und erweitern außerdem ihre syntaktischen Fähigkeiten sowie ihre Fähigkeiten zum Textverstehen und zur eigenen Textproduktion. Und schließlich erwerben sie die Schriftsprache.

Der folgende Ausblick in die Grundschulzeit soll einen Eindruck davon vermitteln, wie sehr Kinder noch damit befasst sein werden, sich die Sprache mit all ihren Feinheiten und Möglichkeiten anzueignen.

Wörter und Bedeutungen

Die Kinder erweitern in der Schulzeit beständig ihren Wortschatz, der sich mit komplex gebildeten Wörtern wie »Taschengelderhöhung« oder »Hausaufgabenkontrolle« füllt. Dazu sind sie damit befasst, die Bedeutungen abstrakter Begriffe zu differenzieren und zu erweitern. Erst nach jahrelanger Auseinandersetzung können die Kinder sie losgelöst von konkreten Handlungszusammenhängen auf einer sachlichen Wissensebene definieren.

Zum Beispiel hat Gisela Szagun Kinder im Alter von fünf bis zwölf Jahren befragt, was für sie der Begriff »Mut« bedeutet. Die jüngeren Kinder wählten konkrete Beispiele und Situationen, um den Begriff zu erklären. Erst die älteren Kinder definierten »Mut« als eine Charaktereigenschaft eines Einzelnen (vgl. Wildemann 2014).

Grammatik

In der Grundschulzeit erweitern und differenzieren die Kinder weiterhin ihre grammatischen Fähigkeiten. Bestimmte grammatikalische Phänomene können Kinder erst relativ spät verwenden, die Genitivmarkierung tritt erst im Alter von sechs Jahren vollständig ein (»das Auto meines Vaters«), Passivsätze verwenden Kinder in der Spontansprache sogar erst mit etwa neun oder zehn Jahren, was mit Abstraktionsleistungen und kognitiven Voraussetzungen des Kindes zusammenhängt. Andere Herausforderungen im Bereich Grammatik sind Konjunktionen, Infinitivsätze (»Er versprach ihr zu kommen.«) und das Verständnis von Pronomen (»Sie redet mit ihr.« vs. »Sie redet mit sich.«). Auch Konjunktiv, Dativ und die große Bandbreite an Pluralformen werden erst in der Grundschulzeit im Sprachschatz verankert.

Die Schriftsprache

Hat sich bis jetzt im Leben eines Kindes der Spracherwerb in erster Linie auf die mündliche Sprache bezogen, gewinnt der Schriftspracherwerb in der Schule an Bedeutung. Erste Schritte in diese Richtung haben viele Kinder bereits im Verlauf der Kindergartenzeit gemacht. In der Schule erweitern sie ihre Fähigkeiten der phonologischen Bewusstheit im engeren Sinne, also Wörter, Silben und Laute zu analysieren und zu manipulieren. Recht zügig erwerben sie alle Buchstaben und die Laut-Buchstabe-Zugehörigkeiten. Bereits am Ende der ersten Klasse können die Kinder in der Regel auf Satz- oder sogar Textebene lesen und (in Druckschrift) schreiben. Der Leseerwerb kann umso besser gelingen, je vielfältiger die sprachlichen Erfahrungen in der Kita waren. Neben den Fähigkeiten in der phonologischen Bewusstheit erweist sich für die Kinder ein reichhaltiger Wortschatz als enorm hilfreich. So müssen im Leselern-Prozess die Buchstabe-für-Buchstabe gelesenen Konstrukte mit dem internen Lexikon abgeglichen werden – erst dann erkennt das Kind, was es »gelesen« hat. Insofern ist das Lesen immer auch ein Wieder-Erkennen von Wörtern, bei dem das Kind idealerweise auf einen gut sortierten, großen Wortschatz zurückgreifen kann.

Sozial-kommunikative Fähigkeiten

Grundvoraussetzung für den Klassenalltag sind bestimmte dialogische Fähigkeiten. Die Kinder müssen aufmerksam zuhören können und das auch über längere Zeit. Andere ausreden lassen, eigene Redebeiträge planen und zur passenden Zeit einbringen – diese Fähigkeiten verfeinern Kinder nun in der Grundschulzeit. Aufmerksames Zuhören ist auch dann wichtig, wenn die Kinder mehrteilige Arbeitsanweisungen verstehen und in der richtigen Reihenfolge umsetzen sollen. Die Grundprinzipien dieser kommunikativen Leistung und Leistungen des Gedächtnisses können und sollen Kinder bei entsprechender Anregung bereits im Übergang von der Kita in die Schule entwickeln. Mit Beginn der Schulzeit betritt das Kind eine völlig neue Welt, es muss sich in der neuen sozialen Gemeinschaft und den neuen Räumlichkeiten orientieren. Kann es seine Gefühle, Wünsche, Bedürfnisse möglichst deutlich formulieren, fällt ihm der Start sicher leichter. Voraussetzung dafür ist wiederum ein reichhaltiger Wortschatz, diesmal an Verben und Adjektiven, die innere Prozesse und Gefühlszustände beschreiben.

Im Grundschulalter erweitern die Kinder ihre Fähigkeiten im Bereich der Pragmatik – lernen also sehr viel über wörtliche und nicht-wörtliche Bedeutungen und darüber, wie Sprache in welchen Situationen eingesetzt wird. Zum Beispiel können Kinder erst im Grundschulalter Ironie verstehen – ein komplexes Verwirrspiel zwischen dem, was wörtlich gesagt wird, und dem, was eigentlich gemeint ist. Großen Spaß haben sie am Erzählen und regelrechten Sammeln von Witzen – eine Mischung aus Gedächtnisleistung, typischer sprachlicher Form (»Kommt Fritzchen nach Hause ...«) und dem erzählerischen Aufbau samt Pointe. Sie feilen an ihrer Erzählkompetenz, daran, wie sie Geschichten aufbauen und berücksichtigen dabei immer besser das Vorwissen ihres Publikums (indem sie zum Beispiel neue Personen in einer Erzählung einführen).

Bildungssprache

In der Grundschule wird das Kind besondere Formen der deutschen Sprache kennenlernen, die sogenannte Bildungssprache, wie zum Beispiel Weis (2013) am Beispiel des Mathematikunterrichts in der Grundschule verdeutlicht. Hier lernen die Kinder Wörter in ganz neuen Zusammenhängen und damit verbundenen neuen Bedeutungen kennen, wie zum Beispiel »ziehen« in der Verbindung »eine Linie ziehen« oder »zurücklegen« in der Verbindung »eine Strecke zurücklegen«. Präpositionen, die im Alltag die räumliche Orientierung beschreiben, wie »vor« oder »hinter« spielen in der Mathematik eine Rolle bei der Orientierung im Zahlenraum (»Kommt 4 vor der 9?«). Partikel wie »je«, »pro«, »davon« erfordern als Schlüsselwörter eine genaue Zuordnung und Interpretation, damit bestimmte Aufgaben als solche erkannt und gelöst werden können: »Ein Bauer hat fünf Hühner. Davon legt jedes ein Ei.«

Auch Synonyme müssen die Kinder als solche verstehen, wie »Futter« und »Vorrat« in folgendem Beispiel: »Im Elefantenhaus sind noch 300 kg Futter. Der Vorrat reicht für drei Tage.«

Was den Satzbau betrifft, sind die Ansprüche an die Kinder ebenfalls hoch: Von der ersten Klasse an müssen sie verschiedene Nebensatzkonstruktionen verstehen können (Wenn ... dann; ..., weil; ..., damit). Besonders schwierig wird es, wenn Konjunktionen weggelassen werden: »Wenn ich meine Zahl durch 8 teile, dann erhalte ich ...« wird oft verkürzt zu »Teile ich meine Zahl durch 8, erhalte ich ...«.

Gängige Aufgabenformulierungen verwenden Passivkonstruktionen (»Wird eine Zahl mit 5 malgenommen ...«) und den Imperativ (»Lies den Text auf Seite 7.«). Diese syntaktischen Strukturen werden auch von einsprachig deutsch aufwachsenden Kindern vergleichsweise spät erworben, stellen jedoch gerade für mehrsprachige Kinder eine besondere Herausforderung dar.

Orientierungsleitfaden

für den Bereich Grammatik – Wortbildung und Satzbau

	Was passiert in der Entwicklung?	Was lässt sich entdecken?
Grundlegende Prinzipien im Grammatikerwerb	**Wortbildung** • Die Kinder erwerben die Regeln einer neuen Wortbildungsform wie Mehrzahl oder Vergangenheit. • Die Ausnahmen eignen sich die Kinder anschließend Wort für Wort in einem jahrelangen Erwerbsprozess an. **Mündliche Sprache** • Die Kinder erlernen von klein auf die mündliche Sprache, die sie umgibt. • Mündliche und schriftliche Sprache unterscheiden sich in ihrer grammatischen Komplexität.	**Übergeneralisierungen** • Die neu erworbene Regel wird zunächst auf alle Wörter angewendet: Regelform: tanzen → getanzt; Übergeneralisierung: singen → gesingt • Bei Unsicherheiten greifen die Kinder auf die erworbene Regel zurück. **Situative Angemessenheit** • Im mündlichen Dialog sind nicht immer »vollständige« Sätze nötig: »Was magst du denn trinken?« »Saft.« (statt: »Ich möchte gerne Saft trinken.«) **Grammatische Komplexität** • In der mündlichen Sprache hat es sich zum Teil eingebürgert zu sagen: »Ich ziehe die Jacke aus, weil mir ist warm.« (statt: »weil mir warm ist«)
Mit sich und anderen im Dialog	Beginnender komplexer Satzbau • Die Kinder kennen die Grundzüge des deutschen Satzbaus: das Verb steht in Verbzweit- (V2) bzw. Verbend-Position (VE) und wird an das Subjekt angepasst. • Die Kinder können jetzt trennbare Verben im Satz auftrennen. • Die Kinder verknüpfen Hauptsätze miteinander. • Sie beginnen damit, Neben- und Fragesätze zu bilden.	• Die Kinder stabilisieren die doppelte Satzklammer; sichtbar z.B. an trennbaren Verben (»Thore zieht seine Jacke aus.«) oder an der Perfekt-Form (»Bella hat noch nichts getrinkt.«). • Hauptsätze: »Es ist überall schmutzig, und Spinat ist auch da.« • Haupt- und Nebensatz: »Mama kauft neue, wenn die kaputt sind.« • Fragesätze: »Sollen wir jetzt tanzen?«
	Regeln der Wortbildung • Die Kinder entdecken Schritt für Schritt die zugrundeliegenden, regelmäßigen Wortbildungsmechanismen.	Übergeneralisierungen • Mehrzahl (Plural): »die Räubers«, »viele Eise«, »die Mutters« • Vergangenheit (Perfekt): »gehelft«, »gebleibt«, »abereißt« • Steigerungen: »am mehrsten stark«, »das ist viel guter«
	Nominativ als erster grammatischer Fall • Nominativ (Wer?) wird als erster grammatischer Fall markiert. • Das grammatische Geschlecht erwerben einsprachig deutsch aufwachsende Kinder nahezu fehlerfrei.	• Nominativ: »Der Bagger ist rot.« • Übergeneralisierung von Nominativ, wenn Akkusativ nötig wäre: »Ich esse der Keks.«

	Was passiert in der Entwicklung?	Was lässt sich entdecken?
Zu neuen Perspektiven kommen	Erweiterung der Satzbaumöglichkeiten • Die Kinder verknüpfen Haupt- und Nebensätze immer häufiger zu deutlich komplexeren und längeren Äußerungen.	• »Ich hab die Beyda gefragt, ob ich mitmachen darf.« • »Als er geschlafen hat, hab ich den Deckel zugemacht.«
	Flexibilität im Satzbau • Anstelle starrer Satzmuster können die Kinder die Positionen im Satz flexibel besetzen. Um die festen Verbpositionen (V2/VE) herum können sie Elemente frei anordnen.	• **Kevin platziert vor dem Verb mal das Subjekt (»Ich hol jetzt die Teller raus.«), mal das Objekt (»Teller hol ich jetzt raus.«) oder das Adverb (»Jetzt hol ich die Teller raus.«).**
	Wortbildung • Die Kinder erwerben immer mehr Regeln der Wortbildung und erschließen sich Schritt für Schritt deren Ausnahmen. • Wortneuschöpfungen zeigen, über welches Regelwissen die Kinder bereits verfügen.	Übergeneralisierungen ... • werden nach und nach von unregelmäßigen Wortformen abgelöst. Die Kinder lieben Wortneuschöpfungen: • Wörter zusammensetzen: »Winter-Müll-Auto« • Wörter ableiten: glatt → »Glättigkeit«, Hund → »hunden«
	Weitere Aneignung der grammatischen Fälle und Zeitformen • Die Kinder unterscheiden Akkusativ (Wen?) und Nominativ (Wer?). • Sie erproben den Imperfekt als weitere Vergangenheitsform (ging, sah), v.a. in literarischen Zusammenhängen. • Sie versuchen sich im Konjunktiv (mit häufigen Verben).	• Akkusativ: »Der Regenwurm[Nominativ] mag keinen Senf[Akkusativ].« • Konjunktiv: »Rotkäppchen käme wohl schon.« »Du wärst der Aufpasser.« Übergeneralisierungen • Akkusativ, wenn eigentlich Dativ nötig wäre: »Die läuft zu den Ast.« • Imperfekt: trank → trinkte, blieb → bleibte
Sich mit Sprache die Welt erschließen	Komplexität im Satzbau • Auf variantenreiche Art verknüpfen die Kinder Haupt- und Nebensätze. • Sie erproben Relativ- und Passivsätze. • Die Kinder eignen sich Verben an, die einen komplexeren Satzbau erfordern (z.B. glauben, denken, hoffen). • Sie setzen geschickt grammatische Mittel bei Erzählungen ein.	• Satzverknüpfung: »Also wir haben mal ein bisschen Senf zu der Nase gehalten, und dann hab ich gemerkt, dass mein Regenwurm eine Nase hatte, und deswegen haben die anderen ja auch Nasen.« • Relativsatz: »Übergestern hab ich der Oma den Zaubertrick mit dem Taschentuch, das trocken bleibt, gezeigt.« • Passivsatz: »Das wird abgewaschen.« »Das Foto wird ganz nach oben geklebt.« • Verben, die Nebensätze erfordern: »Ich hab die Beyda gefragt, ob ich mitmachen darf.« »Weißt du noch, wie Lotta Fahrradfahren gelernt hat?«
	Stabilisierung unregelmäßiger Formen • Die Kinder bauen die unregelmäßigen Steigerungs- und Vergangenheitsformen weiter aus. • Sie perfektionieren die Mehrzahlbildung.	• Die Kinder verwenden immer seltener Übergeneralisierungen. • Ihnen gelingen auch schwierige Mehrzahlbildungen immer besser: Vogel → Vögel, Motor → Motoren.
	Ausbau der grammatischen Fälle • Die Kinder grenzen Dativ (Wem?) von Akkusativ (Wen?) und Nominativ (Wer?) ab.	• »Da haben wir[Nominativ] im Urlaub[Dativ] eine Raupe[Akkusativ] aus dem Garten[Dativ] reingesteckt.«

Kinder mit anderen Ausgangssprachen als Deutsch ...

- operieren beim Deutscherwerb auch mit grammatischen Regeln aus ihrer Erstsprache (z.B. stehen Adjektive im Rumänischen meistens hinter dem Substantiv: un copil fericit = »ein Kind glückliches«).
- erwerben spezifische deutsche Satz- und Wortbildungsmechanismen, die sich von denen ihrer Erstsprache unterscheiden können (z.B. gibt es im Türkischen überhaupt keinen Artikel, im Arabischen sind die Artikel nicht veränderbar: der Ball/den Ball/dem Ball).
- erarbeiten sich die Kennzeichnung des grammatischen Geschlechts und der grammatikalischen Fälle, Ein- und Mehrzahlformen, Steigerungen, Personalpronomen (ich, du, mir, dich), die Präpositionen (für, bei, unter ...) und die Ausnahmen von Regeln bei der Wortbildung.
- erarbeiten sich den Unterschied zwischen Haupt- und Nebensatzstruktur mit den Verbstellungen V2 und VE (»Ich sehe was, was du nicht siehst.«); dies ist z.B. besonders für Kinder mit arabischer Erstsprache schwierig, da es hier keinen Unterschied in der Wortstellung in Haupt- und Nebensatz gibt.
- lernen trennbare Verben kennen, die es in vielen anderen Sprachen nicht gibt (z.B. im Arabischen, Türkischen, Russischen): Plötzlich fällt der Stuhl um. Mir fällt etwas ein. Da fällt der Aufkleber ab.

Orientierungsleitfaden
für den Bereich Kognition

	Was passiert in der Entwicklung?	Was lässt sich entdecken?
Mit sich und anderen im Dialog	Sprache beginnt sich aus dem Gegenwartsbezug zu lösen • Selbstgespräche (monologisieren) und lautliche Untermalung des Tuns sind Anzeichen für den Aufbau der inneren Sprache. • Kinder probieren die Deutungsmacht der Sprache in ihren Spielen aus und beteiligen sich an Rollenspielen. • Kinder testen mit provozierenden Äußerungen die Grenze zwischen Wirklichkeit und Fiktion. • Erinnerungen bereichern Spiele und Gespräche.	Kinder begleiten ihr Handeln sprachlich • Ahmad spricht beim Zeichnen leise vor sich hin: »Ein Flugzeug … der Flügel … tschuk … Hier ist noch eine Klappe …« Sie nutzen die Sprache zur Umdeutung der Realität • »Das sind Eisschuhe!«, sagt Aline beim imaginären Spiel in einer Schneelandschaft zu ihren, mit Wattebällchen gefüllten Hausschuhen. • Caro erprobt, was sich mit Sprache alles in die Welt setzen lässt: »Und dann hab ich ein Löffel gegessen, dann hab ich Würfel gegessen …« Kinder bringen ihre Erlebnisse ein • Melanie: »Und weißt du was? Ich kann jetzt auch ohne Stützräder fahren. Das hab ich mit Papa am Wochenende gelernt.«
	Beginnender Perspektivenwechsel • Bedürfnisse und Gefühle von anderen werden für das eigene Handeln relevant. • Kinder beginnen damit, Wörter für räumliche und zeitliche Perspektiven zu verwenden (mit individueller Bedeutung).	Kinder berücksichtigen in ihren Handlungen Bedürfnisse von anderen • Lynn sucht Marten, dessen Teddy sie gefunden hat: »Ja, ich geh dann mal rüber (in den anderen Raum). Ich hab den Teddy. Den hat Marten vergessen.« Kinder verwenden Raum- und Zeitbegriffe • »Gestern is die Oma gekommen.« (Ereignis war 2 Wochen vorher)
Zu neuen Perspektiven kommen	Perspektivenwechsel wird bewusster und vielfältiger • Motive und Absichten von anderen erkennen • Vorschläge und Lösungen für Probleme von anderen entwickeln • Bedürfnisse von anderen gezielt für eigene Interessen nutzen • Kinder setzen sich intensiv mit unterschiedlichen räumlichen Perspektiven auseinander. • Kinder setzen sich intensiv mit zeitlichen Differenzierungen auseinander.	Kinder werden sensibel für das, was andere Kinder wollen • Lisa: »Anne will nicht so hoch schaukeln!« Kinder versetzen sich in andere hinein und helfen ihnen • Daniel: »Du brauchst nicht traurig sein, wir sind doch deine Freunde. Ich zieh dir auch die Hausschuhe an.« Kinder erkennen, wie man andere beeinflussen kann: • Anika: »Wenn ihr mich nicht mitmachen lasst, gibt meine Mama euch keine Bonbons.« Kinder verwenden zunehmend räumliche und zeitliche Begriffe • Erzieherin: »Wo möchtet ihr dieses Bild hin haben?« Sophie: »In der Mitte.« Paul: »In der Mitte. Ein bisschen größer.« Sophie: »Ein bisschen kleiner.« • Defne: »Soll isch euch wieder drehen? Noch dreimal stundelang?«

	Was passiert in der Entwicklung?	Was lässt sich entdecken?
Zu neuen Perspektiven kommen	Sprachliches Wissen stabilisiert sich und wird erweitert • Das implizite Lernen wird ergänzt durch explizites Lernen: Aufbau von sprachlich vermitteltem Wissen. • Kinder setzten sich sprachlich mit ihren Aktivitäten und mit Ereignissen auseinander. • Sie bereichern den Spielalltag mit ihrem Wissen, das häufig mit Fiktionen angereichert ist. • Verbindungen und Zusammenhänge herstellen: sprachliche Bezeichnungen lösen kreative Verknüpfungen und Assoziationen aus. • Sprachliches Wissen wird Kindern wichtig, weshalb sie hartnäckig nachfragen.	Kinder erklären ihr Handeln: • Pascal beim Malen: »Hier ist ein großer Felshaufen. So ein großer Stein, weißte? Das sind Räder.« Sie bringen ihr sprachliches Wissen ein • Daniels Kenntnisse zu Düsenjets: »Der Jet hat ganz viele Fenster ... der hat Türen, die man nicht sieht ... Düsenjets können Looping machen ...« Kinder entdecken mittels Sprache Zusammenhänge, z.B. was rot ist! • Roter Wackelpudding als Nachtisch: »Guck mal, ob meine Zunge rot ist?« »Wie eine Feuerwehrzunge!« »Oder wie Liebe.« »Ja, wie küssen, da wird das rot.« Kinder setzen sich ausdauernder mit Fragen auseinander • Luca: »Was passiert mit das rote Ding da?« Erzieherin: »Das ist ein Feuerlöscher.« Luca: »Ach so. Da macht man Feuer mit aus. Kommt da Wasser raus?«
Sich mit Sprache die Welt erschließen	Sprache wird zum zentralen Medium des Handelns und Lernens • Kinder bewegen sich bei ihren Aktivitäten gedanklich in verschiedenen Perspektiven. • Sie unterscheiden zwischen geistigen Vorgängen: wissen, meinen, glauben, vermuten, denken. • Kinder planen ihre Aktivitäten und suchen nach Lösungen für Probleme. • Sie geben Begründungen und ziehen Schlussfolgerungen; sie erkennen Ursache und Wirkung.	Kinder setzen sich mit schwierigen Perspektiven auseinander • Alex: »Gegen die Sonne zu fotografieren ist nicht gut.« Laura: »Wenn die Sonne hinter dem Menschen steht, der fotografiert, dann könnte die Sonne in die gleiche Richtung gehen, wo die Menschen hingucken.« Kinder verwenden Wörter für mentale Vorgänge sicher • Leo: »Das wär ja blöd, wenn man nur die Zeichensprache machen könnte. Weil man dann nicht weiß, was der andere meint.« Sie planen, bevor sie handeln • Toni: »Wir fangen hinten an; guck mal, ob es klappt ... Geht nicht, anders rum.« Sie unterscheiden zwischen Ursache und Wirkung • Toni: »Du musst die Folie da rein legen, damit das Nest weich ist.«
	Komplexe Sachverhalte werden bedeutsam • Kinder entwickeln kreative Erklärungen für komplexe Phänomene. • Zeitverständnis und Mengenverhältnisse beginnen sich sprachlich abzubilden. • Regelspiele und Regeln im gemeinsamen Spiel werden wichtig.	Kinder interessieren sich für komplizierte Sachverhalte • Marco erklärt das Echo: »Wenn ich den Kopf da reinstecke, dann knallt das Wort dagegen und kommt zurück in den Mund.« Zeiten und Zahlen werden zum spannenden Diskussionsthema • Wann ist Weihnachten? Nina: »Wenn wir heute abgeholt werden, ist ja Wochenende, ja, und dann noch fünf Mal, und wenn denn wieder Wochenende ist, denn ist Weihnachten.« Kinder stellen Regeln auf und halten sich an Regeln • »Du musst da sitzen, wenn da ein Platz frei ist.«
	Der Umgang mit Sprache wird schöpferisch und kreativ • Kinder gestalten komplexe Fantasiewelten mit ihrem reichhaltigen Sprachwissen. • Kinder entdecken die Mehrsprachigkeit in ihrer Umgebung.	Kinder lassen rein sprachlich komplexe Fantasiewelten entstehen • Serhat: »Das ist eine Unterautobahn. Und da fällen wir runter mit dem Auto.« Lais: »Nein, ist neues Auto, kann auch fliegen. Du hast vergessen, dich anzuschnallen!« Kinder interessieren sich für andere Sprachen • Daniel: »Der Mehmet spricht Deutsch und Türkisch. Ich kann auch ein türkisches Wort, ›anne‹, das heißt Mutter.«

Kinder mit anderen Ausgangssprachen als Deutsch ...

- verfügen über entsprechend komplexe kognitive Kompetenzen, auch wenn sich das an ihrem deutschen Sprachgebrauch (noch) nicht ablesen lässt.
- greifen für kognitive Lernprozesse auch auf ihre familiensprachlichen Mittel zurück.
- beginnen zu begreifen, dass sie mit unterschiedlichen Sprachen umgehen.

Orientierungsleitfaden

für den Bereich Laute und Prosodie

	Was passiert in der Entwicklung?	Was lässt sich entdecken?
Mit sich und anderen im Dialog	Weitere Ausdifferenzierung von Lautbildung und Artikulation • Die Kinder erweitern stetig ihr Lautinventar. • Sie tasten sich an schwierigere Laute und Konsonantenballungen heran.	Aussprachevereinfachungen • Vorverlagerungen: schön → »sön«, ich → »is«, kommen → »tommen« • Vereinfachung von Konsonantenballungen: spritzen → »pitzen« • Die Zischlaute »ch«, »sch«, »ß« tauchen auf.
	Mit Lauten spielen • Die Kinder werden kreativ: Sie verknüpfen Bewegungen mit erfundenen Lauten. • Sie sind sehr aufmerksam für Laute und Geräusche der Umgebung. • Sie sind sensibel für den Klang der Sprache (Prosodie).	• Die Kinder untermalen ihr Handeln mit eigenen Laut-Kreationen: Leo lässt die Spülbürste mit »dsch, dsch« über den Teller kreisen. • Sie hören genau hin und ahmen Geräusche nach. • Sie haben Spaß am spontanen Wiedergeben erlernter Tier-Geräusche (Kikeriki macht der Hahn, Miau die Katze). • Sie entdecken, dass sie Wörter lautlich verändern können und spielen mit Wörtern, erfinden dabei auch Quatschwörter: »Papi, Papa, Papu ...«.
Zu neuen Perspektiven kommen	Auf dem Weg zum Ausspracheprofi • Das Lautinventar ist im Wesentlichen vollständig. • Die Kinder erarbeiten sich nach und nach komplexe Konsonantenballungen (wie bei Pflaume oder Kniestrumpf). • Der stetig wachsende Wortschatz füllt sich auch mit lautlich komplexeren Wörtern. • Die Kinder hören genau auf lautliche Details in Wörtern.	Aussprachevereinfachungen werden immer seltener • Die Kinder vereinfachen Konsonantenballungen: Straße → »Traße«. • Sie vereinfachen neue, lange, lautlich komplexe Wörter: lieblich → »liebich«, fotografieren → »fotogamieren«- Aussprachekorrekturen bei anderen • »Ehj, du hast mit gedeten!« »Was? Gedeten? Das heißt getreten!«
	Prosodie (Sprachmelodie) variieren • Die Kinder setzen Stimme und Klang bewusst ein. • Sie spielen mit Stimme und Lauten.	• Kinder probieren im Rollenspiel typische Sprechweisen aus: melodiöse Ammensprache als Mutter zum Baby; bestimmte, harsche Sprechweise als Polizist; dröhnende, bedrohliche Drachen-Stimme • Spontangesänge von Lauten, Lautfolgen, Versen: »Tüüt tuuut dji di di diij o yeah, die Kinder sind so Mädchen hier.« • Die Kinder haben viel Freude am Erfinden von Geräuschen: »Mein Staubsauger macht ›uwii,-uiuiuwii‹.« »Meiner macht ›dschii, dschii, dschiiung‹.« »Meiner macht ›bop-bop bopbop‹.«
	Phonologische Bewusstheit im weiteren Sinn • Die Kinder zeigen ein erstes Interesse an Eigenschaften und Besonderheiten von Lauten und der Lautform von Wörtern.	Kinder sprechen über Sprache • Die Kinder erkennen, ob sich Wörter reimen und können sich selber Reimwörter überlegen (Sonne – Tonne). • Sie können Silben klatschen, hüpfen, trommeln (wie bei »Ka-ka-du«). • Ihre Erklärungen, warum sich Wörter lautlich ähneln, sind oft noch auf den Inhalt bezogen: »Fisch reimt sich auf Tisch, weil man den Fisch auf dem Tisch isst.«

	Was passiert in der Entwicklung?	Was lässt sich entdecken?
Sich mit Sprache die Welt erschließen	Das Lautinventar wird vollständig • Die Kinder sind im Produzieren aller Laute und Konsonantenballungen weitgehend stabil.	• Sie zeigen keine systematischen Aussprachevereinfachungen mehr. • In besonderen Situationen oder Gefühlslagen (wenn sie müde oder aufgeregt sind) oder bei neuen, langen, lautlich komplexen Wörtern können sie die Aussprache noch vereinfachen.
	Phonologische Bewusstheit im engeren Sinn kann sich entwickeln: • Die Kombination aus genauem Hinhören und erweiterten Denkleistungen der Kinder führt zu der Fähigkeit, die lautliche Struktur von Wörtern zu analysieren. • Die Kinder können jetzt den Blick auf die reine Lautform eines Wortes richten: Die Bedeutung des Wortes ist dabei vollkommen unwichtig. • Z.B. gelingt es den Kindern immer besser, Laute in einem Wort zu identifizieren und zu verorten, Laute zu Wörtern zusammenzufügen oder Silben zu manipulieren.	**Mit zunehmenden Fähigkeiten können die Kinder z.B.** • **erkennen, dass das Wort »Zug« kürzer als das Wort »Regenwurm« ist.** • **herausfinden, dass O bei »Opa« ganz am Anfang ist, bei »Auto« am Ende.** • **gleiche Anlaute erkennen: »Der Igel ist wie Insel«.** • **aus O + M + A das Wort »Oma« zusammensetzen.** • **Laute systematisch weglassen, wie in dem Lied »Auf der Mauer, auf der Lauer sitzt 'ne kleine Wanze«.** • **Laute vertauschen: Schokopudding → »Pokoschudding«.** • **großen Spaß dabei empfinden, mit Lauten und der Lautstruktur kreativ und fantasievoll umzugehen; z.B. bei spontanen Wortspielen mit Lautersetzungen oder Quatschreimwörtern: »Gurke-Furke, Tasse-Fasse, Tee-Fee«.**
	Die Welt der Schrift • Die Kinder zeigen wachsendes Interesse an Buchstaben und Wörtern. • Sie versuchen sich im Schreiben und Lesen. • Sie erkennen einzelne Buchstaben. • Sie erkennen Embleme, verstehen Symbole und erfinden selbst neue. • Sie lernen die Eigenheiten und Unterschiede von mündlicher und schriftlicher Sprache kennen.	• Die Kinder entdecken Schrift im Alltag: auf Schildern, Verpackungen usw. • Sie erfragen die Bedeutung von Schrift: »Was steht da?« • Sie verwenden Begriffe wie »Buchstabe«, »Zahl, »Wort«. • Die Kinder kritzeln und erfinden eigene Symbole oder Buchstaben. • Sie spielen Lesen: »Ich les dir das mal vor.« • Sie erkennen das Schriftbild ihres eigenen Namens wieder und versuchen, ihn selbst zu schreiben. • Einige schreiben sogar lautgetreu: »Beka« (Becker), »Oile« (Eule). • Sie erkennen Symbole/Logos wieder: »Da steht Rewe drauf!« • Sie probieren Formulierungen aus, die typisch für schriftliche Texte sind: »Es war einmal ...«, »Nachdem Annemarie die Blumen gepflückt hatte, ritt sie immer tiefer in den Wald.«

Kinder mit anderen Ausgangssprachen als Deutsch ...

- bringen Laute, Lautverbindungen und Sprachmelodie (Prosodie) aus ihren Ausgangssprachen mit.
- sind dabei, die spezifische Prosodie des Deutschen sowie die Laute und Lautverbindungen zu erwerben.
- üben sich im Hören und Aussprechen von speziellen deutschen Lauten und Lautverbindungen, die es in ihrer Erstsprache nicht gibt.
- verändern die Aussprache von Wörtern vor dem Hintergrund ihrer Ausgangssprache: z.B. Einfügen von Vokalen in Konsonantenballungen bei türkischer oder arabischer Erstsprache (Kopfschmerzen → Kop^{o}fsch^{e}merßen).
- »verhören« sich manchmal: z.B. hören sich »Biene« und »Bühne« für Kinder mit italienischer oder arabischer Erstsprache gleich an.
- treffen mitunter auf ein ganz neues Schriftsystem: im Arabischen gibt es z.B. ganz andere Schriftzeichen, die von rechts nach links geschrieben werden (das Arabische ist wie das Deutsche aber auch eine Alphabetschrift).

Orientierungsleitfaden

für den Bereich Wörter und ihre Bedeutung

	Was passiert in der Entwicklung?	Was lässt sich entdecken?
Mit sich und anderen im Dialog	Erweiterung und Differenzierung des Wortschatzes Die Wortschatzerweiterung erfolgt in konkreten Handlungssituationen: • Deutlicher Anstieg im Verb-Lexikon und bei Modalverben • Gegensätze bei Eigenschaftswörtern • Zunehmender Anteil an Funktionswörtern • Vermehrt kreative Wortneuschöpfungen, die Kinder bilden, indem sie Beobachtungen mit dem vorhandenen Wortschatz verknüpfen.	Kinder erweitern ihren Wortschatz um ... • handlungsbezogene Verben, z.B. »hochklettern«, »Purzelbaum schlagen«. • Modalverben, z.B. »wollen«, »können«, »dürfen« »sollen«. • spezifische Eigenschaftswörter, z.B. »hässlich« statt »nicht schön«. • Verhältniswörter, z.B. »bei«, »unter«, »neben«. • individuelle Wortneuschöpfungen, z.B. »Kaffeewürfel«, »Erdfleckkuchen«, »vorbeivögeln« (vorbeifliegen).
	Herantasten an abstrakte Inhaltswörter • Die Bedeutung, die Kinder diesen abstrakten Wörtern verleihen erfolgt zunächst versuchsweise. • Die Bedeutung ist durch individuelle Vorstellungen gekennzeichnet.	Kinder gebrauchen abstrakte Inhaltswörter • Herantasten an abstrakte Begriffe, z.B. Florian: »des is links«, er zeigt dabei auf sein rechtes Bein. • Verwendung z.B. von »gestern« in der Bedeutung von irgendein Tag in der Vergangenheit.
Zu neuen Perspektiven kommen	Erweiterung und Stabilisierung des Wortschatzes • Im Wortschatz tauchen zunehmend abstrakte Nomen und Adjektive sowie Funktionswörter auf, deren vielfältige Bedeutungen sich die Kinder in Spielsituationen sowie in Gesprächen erschließen. • Wortneuschöpfungen mittels grammatischer Wortbildungsregeln	Kinder erweitern ihren Wortschatz um ... • abstrakte Nomen: z.B. Freundschaft, Wunsch, Trauer, Woche. • abstrakte Adjektive, wie albern, gemein, mutig. • Funktionswörter: weil, obwohl, aber, neben. Kindspezifische Wortneuschöpfungen und Wortbildungen, z.B • »Die Hunde hunden.« • »Übergestern ist meine Oma gekommen.«
	Schrittweise Annäherung an abstrakte Wortbedeutungen • Kinder erproben Wörter für Gefühle, soziale Beziehungen und Wertungen in unterschiedlichen Situationen. • Kinder werden aufmerksam dafür, was Mengen, Maße und Zeiträume bedeuten. • Kinder fragen nach, ob die Verwendung eines Wortes stimmt. • Wörter können auf einer konkreten Ebene definiert werden. • Kinder setzen sich mit Wortbedeutungen auseinander.	Kinder entwickeln Interesse für Wortbedeutungen • »Was ist ein Freund/eine Freundin?«, wird zu einem zentralen Thema im Miteinander der Kinder: »Bist du mein Freund?« »Ich bin nur Ensaris Freund!« » ch hab Freundin, die haut dich, dann bin ich Ensaris Freund.« • Leo: »Was sind 2 Meter 30?« • »Gestern ist die Oma gekommen. War das gestern?« • Konkrete Wortdefinitionen: »Was ist klug?« Daniel: »Mein Bruder ist auch klug, der geht nämlich in die Schule.« • Martin: »Eigentlich ist unser Kindergarten gar kein Garten. ... Dann dürfen wir auch nicht Kindergarten sagen.«
	Der Wortschatz ist individuell • Rasche Wortschatzerweiterung in Abhängigkeit vom Interesse des Kindes und vom familiären Erfahrungshintergrund • Ersatz fehlender Wörter durch Rückgriff auf allgemeine Ausdrücke	Lieblingsthemen von Kindern oder von deren Familien können sich in einem detaillierten Wortwissen widerspiegeln • z.B. umfangreicher Wortschatz bei Dinos oder Minions Kinder operieren mit Stellvertreterwörtern • z.B. Verwendung von »machen« anstelle spez fischer Verben oder »Dingsbums« für fehlende Nomen

	Was passiert in der Entwicklung?	Was lässt sich entdecken?
Sich mit Sprache die Welt erschließen	Erweiterung und Präzisierung des Wortschatzes auf der Basis eines stabilen Wortverständnisses • Aneignung von Fachwörtern und von Oberbegriffen • Zunehmend differenzierteres Bezeichnen von Vorgängen, Handlungen und Gegenständen • Sicherheit im Umgang mit Wörtern mit übertragener Bedeutung • Präziser Gebrauch von Verben für mentale Vorgänge: glauben, wissen, meinen, denken	Kinder ... • haben Freude an Fachwörtern: »Trapezböckchen«, »Tausendfüßler«, »eine CD brennen«; »Die Ente ist doch auch ein Vogel!« • zeigen Interesse an spezifischen Bezeichnungen: »Die Murmeln rutschen doch nicht! Siehst du, die ROLLEN!« »Das ist ein Fachwerkhaus.« • gehen mit übertragenen Bedeutungen um: »Der Computer ist abgestürzt.« • verwenden Verben für mentale Vorgänge: David malt einen Sonnenuntergang am Meer: »Man denkt bloß, dass die Sonne im Wasser untergeht. Die Sonne ist und bleibt im Weltall.«
	Worterklärungen befördern den Worterwerb • Worterwerb erfolgt jetzt auch durch rein sprachliche Erklärungen.	Kinder eignen sich Wortbedeutungen über Worterklärungen an • »Schau, so bin ich von vorn und so von hinten. Das ist ein Gegenteil.« • Sara: »Was ist verziert?« Erzieherin: »Ich hab es dekoriert.« Sara: »Ach so, das kenne ich.«
	Interesse für die Bedeutungsvielfalt von Wörtern • Ein Wort kann mehrere Bedeutungen haben.	Kinder thematisieren die Bedeutungsvielfalt von Wörtern • Beim Gespräch über das Nest von Steinadlern, den »Horst«, fällt Tim auf, dass sein Opa auch »Horst« heißt. • Lisa: »Schimmel kann auf Lebensmitteln sein ... Schimmel kann aber auch ein weißes Pferd sein.«
	Aufmerksamkeit für und Interesse an andere/n Sprachen	Kinder interessieren sich für Wörter aus anderen Sprachen • »Wie heißt Blume auf Bosnisch?« »Auf Bosnisch heißt Blume ›Zvetche‹.«

Kinder mit anderen Ausgangssprachen als Deutsch ...

- bringen einen altersentsprechenden Wortschatz in ihrer Erstsprache mit.
- werden für viele Inhaltswörter lediglich neue (deutsche) Bezeichnungen lernen müssen.
- machen allerdings auch die Erfahrung, dass Wörter in verschiedenen Sprachen unterschiedliche Bedeutungen besitzen: Wörter aus ihren Erstsprachen lassen sich nicht immer eins zu eins mit Wörtern aus der deutschen Sprache übersetzen (z.B. gibt es in der türkischen Sprache einen viel größerer Wortschatz zur Bezeichnung der Familienmitglieder: für das deutsche Wort »Tante« gibt es zwei Bezeichnungen oder »abla«, das Wort für die ältere Schwester, wird auch für ältere Mädchen allgemein verwendet.
- sind eher bereit, sich von einer festen Beziehung zwischen Ding und Wort zu lösen, denn sie erwerben für die Dinge mehrere Bezeichnungen.
- greifen, wenn ihnen deutsche Wörter fehlen, auch auf Wörter aus ihren Erstsprachen zurück: »Ich habe eine ›black‹ Auto.«
- müssen lernen, dass Wörter, die in ihren Erstsprachen und im Deutschen ähnlich klingen, eine ganz unterschiedliche Bedeutung haben können: z.B. hat »caldo« im Italienischen die Bedeutung »warm«.

Orientierungsleitfaden

für den Bereich Sozial-kommunikative Entwicklung

	Was passiert in der Entwicklung?	Was lässt sich entdecken?
Mit sich und anderen im Dialog	Mit Sprache Identität ausbilden • Kinder bauen sprachlich gefasste Vorstellungen über sich aus und festigen ihr Selbstkonzept: was sie können und wissen, wer sie sind und was sie auszeichnet. • Immer wichtiger wird es ihnen, ihre Erlebnisse beizusteuern.	Kinder sprechen oft und gerne über sich • Sie sind stolz auf sich und ihr Können: »Ich bin da ganz weit hochgeklettert.« • Sie vergleichen sich: »Ich bin groß. Nils ist kleiner.« • Sie erzählen von ihren Erfahrungen: In der Kirche »war ich zur Hochzeit. Da war alles schön.«
	Dialogische Fähigkeiten erweitern • Zunehmend gelingt es Kindern, im dialogischen Hin & Her kleine Gespräche zu führen. • Sozialer Perspektivwechsel bahnt sich an: Kinder werden darauf aufmerksam, dass Informationen für die Verständlichkeit ihrer Erlebnisschilderung notwendig sind.	Im Gespräch mit Erwachsenen und älteren Kindern ist schon Vieles möglich • Kinder eröffnen eigenständig Gespräche: »Guck mal ...«; »Weißt du was?«; »Mich hast du noch nicht gefragt.« • Sie gestalten lautliche Nonsens-Dialoge aktiv mit (Abba-Abba). • Sie geben Erklärungen, wenn sie danach gefragt werden. »Wer ist denn Lars?« David: »Die wohn' unten ... unten im Haus.« • Sie beginnen, von sich aus zu erläutern, worüber sie sprechen: »Nils is ein Junge. Junge war das.«
	Vom ICH zum WIR: In der Kindergruppe sprachlich kooperieren • Das soziale Rollenspiel wird zur wichtigen Form, um mit anderen Kindern eigenständig verbal zu handeln. • In ihren Spielen bestimmen noch vorwiegend die Gegenstände den Handlungsinhalt, nicht die Rollen an sich. • Auch im Spiel mit deutlich Älteren profitieren Kinder für ihr sprachlich-soziales Handlungsrepertoire.	Rollenspiele werden zum Übungsfeld • Kinder machen Spielvorschläge: »Wir spielen heute in der Puppenecke.« • Sie verständigen sich darüber, was sie mit den Dingen spielen: »Teller hol ich jetzt raus.« »Teddy braucht Salbe.«; »Baby (= Puppe) is krank.« • Mit typischen Redeweisen beginnen sie, soziale Rollen sprachlich darzustellen: »Komm mit Mutti.«; »Wo tut's weh?« • Nach genauer Regieanweisung handeln sie aktiv im Rollenspiel der älteren Kinder mit (z.B. als »weinendes Baby«, als »bellender Hund« ...).
Zu neuen Perspektiven kommen	Sprache bereichert soziales Handeln in der Kindergruppe • Kinder verfügen freier über Sprache und bringen sich zunehmend als Person mit eigenen Vorstellungen ein. • Mit Sprache festigen sie die eigene Position in der Kindergruppe, knüpfen Freundschaften und organisieren ihr Miteinander im Kita-Alltag.	Kinder erproben verbale Strategien für den Zugang zur Spielgruppe • Paul versucht, sich ins Spiel zweier Jungen zu bringen: »Alex, weißt du, wie langweilig das ist? Immer nur zugucken?« Kinder gestalten mit Sprache ihr Zusammensein • Sie versichern sich ihrer Freundschaft: »Bist du mein Freund?« • Sie unterstützen sich mit einfühlsamen Worten: »Du brauchst nicht traurig sein ... Ich zieh dir auch die Hausschuhe an.« • Sie verhandeln und behaupten ihre Position: »Ich bin Erster«; »... weil das meine Idee is. Ich darf bestimmen.« • Sie setzen stimmliche Mittel gezielt ein, z.B. schmeichelnde Stimme, um etwas zu erreichen (»Bitte Bitteee!«).
	Erzählkompetenz entwickelt sich • Kinder verfügen sprachlich über ihr biografisches Gedächtnis, wodurch es ihnen zunehmend möglich wird, von Ereignissen aus ihrer Vergangenheit in »geordneter Form« zu erzählen.	Kinder schildern ihre Erlebnisse • Sie verknüpfen Ereignisse zu chronologischen Sequenzen, und fassen ihr erinnertes Empfinden in Worte: »... und dann kommt von so oben Konfetti, und dann freue ich mich und dann lachen alle ...«

	Was passiert in der Entwicklung?	Was lässt sich entdecken?
Zu neuen Perspektiven kommen	Sozialer Perspektivenwechsel und kommunikative Regeln stabilisieren • In ihren Rollenspielen vollziehen Kinder soziale Rollen sprachlich nach, erproben sich in Dialog-Typen und expliziter Metakommunikation. • In Konflikten lernen sie nach und nach, diese mit Argumenten verbal zu lösen und dabei aufeinander einzugehen.	Kinder kooperieren sprachlich im Rollenspiel • Sie verteilen klar ihre Rollen und behalten diese im Spiel bei: »Ich bin die Ärztin.« »Ich bin die Mutter.« • Sie konstruieren Dialoge und gestalten ihre Rollen sprachlich und stimmlich aus (z.B.: besorgte Mutter und beruhigende Ärztin). • Sie verständigen sich im Spiel über das Spiel mit expliziter Regieanweisung (Metakommunikation): »Aus Spaß ist das (= der Bauklotz) ein Bonbon.«; oder mit Konjunktiv: »Du wärst der Aufpasser.« Kinder tragen verbal Konflikte aus • Sie provozieren: »Ich hab Freundin, die kommt und haut dich.« • Sie erproben Diskursregeln und überzeugen mit Argumenten: »Sonst passen doch aber nicht mehr die anderen Bilder drauf. Wir wollen aber auch dies nehmen.« • Sie formulieren Kompromisse: »Wir können doch beide die Mama sein.«
Sich mit Sprache die Welt erschließen	Sprache ist das zentrale Medium kindlicher Kommunikation • Sprache wird Kindern zum tragenden Gerüst, um sich im Kita-Alltag einzubringen und zu beteiligen. • Sie sind an der Gedanken- und Erlebniswelt anderer Kinder interessiert und daran, sich mit ihnen darüber auszutauschen. • Sie führen miteinander Gespräche, in denen sie sich mit ihrem Wissen, ihren Ideen und Vorstellungen gegenseitig inspirieren.	Kinder unter sich • Sie machen Vorschläge und begründen diese. Die Gruppe überlegt Inhalt eines Daumenkinos: »Also ich würde ja lieber irgendwas mit Delfin malen, denn ich mag Delfine.« • Sie sprechen sich ab und vereinbaren Regeln: »Seid ihr damit einverstanden, dass ...«; »Wir können ja abstimmen ...« • Sie denken mit anderen Kindern gemeinsam nach. Alex: »Gegen die Sonne zu fotografieren ist nicht gut.« Laura: »Wenn die Sonne hinter dem Menschen steht, der fotografiert, dann könnte die Sonne in die gleiche Richtung gehen, wo die Menschen hingucken.«
	Ein angemessenes Kommunikationshandeln entwickeln • Kinder werden dafür aufmerksam, wen sie wie ansprechen müssen und erwerben ein zunehmend adressaten- und situationsgerechtes Kommunikationshandeln. • Sie führen längere Gespräche und beziehen sich auch in größeren Gruppen auf unterschiedliche Redebeiträge. • Sie stellen sich sprachlich auf ihr Gegenüber ein. • Erzählkompetenz, Zuhörerorientierung und metakommunikative Fähigkeiten erweitern sich. • Humorvoller Umgang mit Sprache entwickelt sich.	Mit kommunikativer Kompetenz durch den Sprachalltag • Kinder signalisieren im Dialog Interesse und Aufmerksamkeit und fordern diese auch ein: »Warum machst du immer ›mhm‹? Du musst sagen: ›und dann?‹« • Sie fragen nach, wie etwas gemeint ist und sichern Verständnis: »Was guckst du so?«; Meinst du ...?«; »Ich meine doch ...« • Ältere Kinder sprechen mit jüngeren Kindern in einfacher und betonter Weise: »Sooo ein Kleiner? So wie David?« (Lauras Stimme intoniert Ammensprache.) • In ihren Rollenspielen übermitteln und verstehen Kinder nun auch indirekte Botschaften zum Spielverlauf (ohne explizite Regieanweisung): Lisa überreicht ihrer Mitspielerin einen Bauklotz mit den Worten: »Weil das Baby so brav war, bekommt es jetzt ein Bonbon.« Mit Sprache fantasievoll und kreativ kommunizieren • Kinder fesseln ihr Publikum mit sprachlicher und stimmlicher Dramaturgie: »Und weißt du, was dann passiert ist?« (Stimme ist entsprechend intoniert.) • Sie haben Spaß an Sprachwitzen: »Weißt du wie spät es ist?«, fragt Boris. Er streift seinen Ärmel hoch, beißt sich leicht in den Unterarm und sagt: »Guck, es ist Zähne.« • Sie erproben Diskursregeln und überzeugen mit Argumenten: »Sonst passen doch aber nicht mehr die anderen Bilder drauf. Wir wollen aber auch dies nehmen.« • Sie formulieren Kompromisse: »Wir können doch beide die Mama sein.«

Kinder mit anderen Ausgangssprachen als Deutsch ...

- sind wie alle Kinder in ihrer persönlichen und sozialen Identität durch ihre Familiensprache(n) beeinflusst.
- verfügen über entsprechend stabilisierte kommunikative Kompetenzen, auch wenn diese sich in ihrem deutschen Sprachgebrauch (noch) nicht widerspiegeln.
- drücken ihr Sprachverstehen auch über nonverbale Sprache aus (z.B. Mimik).
- greifen in der Kommunikation auch auf Ausdrucksweisen ihrer Familiensprache(n) zurück. Zum Beispiel »Bruder« als Ausdruck für »bester Freund«.
- bringen möglicherweise andere Erfahrungen und Formen der Interaktion mit (z.B. »Verantwortung für jüngere Kinder übernehmen«).
- erwerben umgekehrt für sie womöglich unbekannte kommunikative Gepflogenheiten (z.B. Begrüßungsrituale).
- bauen ihre sozial-kommunikativen Fähigkeiten auch dann aus, wenn sie mit anderen Kindern in ihrer Familiensprache spielen und reden.
- bereichern mit ihren Sprachen die kommunikative Welt in der Kita und bieten damit allen Kindern die Chance, die eigenen Ausdrucksmöglichkeiten zu erweitern.

Beobachtungsdatum: .... Einrichtung/Gruppe .... Kind (Initialen/Symbol etc.) ....

Dokumentation zum Sprachbereich ....

Alter (Jahr; Monat)	Geschlecht w/m	Erstsprache deutsch? ❒ nein ❒ ja	Erstkontakt mit Deutsch in der Kita?	Besuch der Einrichtung/Kita (auch Krippenbesuch)
		Erstsprache/n des Kindes: .... Werden weitere Sprache/n in der Familie gesprochen?	❒ ja ❒ nein	seit .... (Monat/Jahr)

Kurze Beschreibung der Beobachtungssituation: Wann (im Tagesablauf)? Wo? Mit wem? Was wurde gemacht? Was war Thema?	
❒ spontan ❒ gezielt	

Dokumentation der Beobachtung mittels	Anmerkungen zum kommunikativen Verhalten des Kindes Wie erleben Sie im Alltag die Sprachpersönlichkeit des Kindes? Zum Beispiel: kommunikativ aktiv; eher zurückhaltend; beobachtet viel; will viel wissen; initiiert gerne Rollenspiele ...
❒ Film/Video ❒ Foto ❒ Tonband ❒ Schriftlich	

Beobachtungsdatum: .... Einrichtung/Gruppe .... Kind (Initialen/Symbol etc.) ....

Verschriftlichung der Beobachtung: Notieren Sie die Äußerung möglichst in ihrem Handlungszusammenhang, z.B. als kleinen Dialogausschnitt	
Konkrete Mitschrift kindlicher Äußerungen und Ausdrucksformen (verbal und nonverbal)	
Reflexion und Interpretation der Beobachtung: Hinweise finden Sie im Orientierungsleitfaden für den beobachteten Sprachbereich	
• Etappe • Welche sprachlichen Aspekte lassen sich entdecken?	

Bitte alle Anlagen diesem Blatt beilegen (Notizzettel, Bilder – auch der Kinder –, Fotos, Film, Tonband bzw. CD/Diskette etc.)

Beobachtungsdatum: 02.12.2016 | Einrichtung/Gruppe: Mäuse | Kind (Initialen/Symbol etc.): Ly.

Dokumentation zum Sprachbereich: Wörter und ihre Bedeutungen

Alter (Jahr; Monat)	Geschlecht w/m	Erstsprache deutsch? ☒ nein ☐ ja	Erstkontakt mit Deutsch in der Kita?	Besuch der Einrichtung/Kita (auch Krippenbesuch)
3;5	w	Erstsprache/n des Kindes: türkisch Werden weitere Sprache/n in der Familie gesprochen? deutsch	☐ ja ☒ nein	seit 09/2016

Kurze Beschreibung der Beobachtungssituation: Wann (im Tagesablauf)? Wo? Mit wem? Was wurde gemacht? Was war Thema?	
☒ spontan ☐ gezielt	Vormittag in der Puppenecke. Ly. backt einen Kuchen.

Dokumentation der Beobachtung mittels	Anmerkungen zum kommunikativen Verhalten des Kindes Wie erleben Sie im Alltag die Sprachpersönlichkeit des Kindes? Zum Beispiel: kommunikativ aktiv; eher zurückhaltend; beobachtet viel; will viel wissen; initiiert gerne Rollenspiele …
☐ Film/Video ☐ Foto ☐ Tonband ☒ Schriftlich	Ly. teilt sich gerne mit; aktuell spielt sie viel in der Puppenecke oder im Rollenspiel der größeren Kinder mit.

Beobachtungsdatum: 02.12.2016 | Einrichtung/Gruppe: Mäuse | Kind (Initialen/Symbol etc.): Ly.

Verschriftlichung der Beobachtung: Notieren Sie die Äußerung möglichst in ihrem Handlungszusammenhang, z.B. als kleinen Dialogausschnitt	
Mitschrift kindlicher Äußerungen und Ausdrucksformen (verbal und nonverbal)	Ly. kocht in der Puppenecke. Die Erz. fragt sie, was sie kocht: Ly.: Ich hab Kuchen gebacken, Erdfleckkuchen. Erz.: Wie sieht denn so ein Erdfleckkuchen aus? Ly.: Na wie ne Kuh!
Reflexion und Interpretation der Beobachtung: Hinweise finden Sie im Orientierungsleitfaden für den beobachteten Sprachbereich	
• Etappe	Mit sich und anderen im Dialog
• Welche sprachlichen Aspekte lassen sich entdecken?	Wortneuschöpfung. Ly. meint einen Marmorkuchen, seine Schokoladenfärbungen bezeichnet sie als Erdflecken.

Bitte alle Anlagen diesem Blatt beilegen (Notizzettel, Bilder – auch der Kinder –, Fotos, Film, Tonband bzw. CD/Diskette etc.)

Reflexionsbogen (3-6 Jahre): sprachförderliche Potenziale des Kita-Alltags entdecken und nutzen

Situation
Situationsmerkmale
Inhalt der Situation
pädagogisches Ziel

Kind(er)
Interessen an Dingen und Personen
kommunikatives Handeln
Sprachhandeln verbal und nonverbal

Pädagogische Fachkräfte
Kindorientierung
situations- und sachbezogenes Sprachhandeln
Stimme und Körpersprache

Art der Situation

❍ Situation im Alltagsablauf (Routinen, z.B. Mittagessen, täglicher Morgenkreis)

❍ durch das Kind/die Kinder selbstgesteuerte Spiel- und Lernsituation (z.B. Kind entdeckt das »Echo« im Schrank)

❍ durch die Fachkraft angeleitete Spiel- und Lernsituation (z.B. ein Bewegungsspiel)

❍ Projektschritte innerhalb eines oder mehrerer Bildungsbereiche (z.B. Vertonung einer Fotogeschichte mit Stimme und Musik)

Dauer der beobachteten Situation insgesamt: ca. ....

Ggf. Dauer der ausgewählten Sequenz für die vertiefte Analyse: ca. ....

Datum der Beobachtung/der Video-Aufnahme: ....

Besprochen im Team am: ....

TIPP

Vertiefte Analyse
Sie können aus einer Videoaufnahme gezielt eine Sequenz auswählen, um diese mithilfe der »Orientierungsleitfäden« oder mit den »Leitfragen für Dialoge« im Detail zu analysieren.

Empfehlenswert für diese vertiefte Analyse ist eine Sequenzdauer von höchstens drei bis fünf Minuten.

TIPP

Dieser Bogen lädt Sie zur Entdeckungsreise in Ihren Sprachalltag ein. Wählen Sie die Fragen aus, die Ihnen für die Situation wichtig sind und passend erscheinen.

Analyse der Situation

1. Situationsmerkmale und pädagogische Ziele

❍ Gruppensituation

Kleingruppe mit ..... (Anzahl) Kindern

Gesamte Kindergartengruppe mit ..... (Anzahl Kindern)

❍ Einzelsituation

Alter des Kindes: .....

Altersspanne der Kinder: von ..... bis .....

Wie viele Kinder wachsen mit mehreren Sprachen auf? .....

Anwesende Erwachsene: ....

Raum/Ort (Beschreibung und Besonderheiten des Ortes, z.B. im Garten, beim Ausflug, im Bewegungsraum, Akustik oder Größe des Raums ...): ....

....

Verwendete Materialien (auch Gegenstände) und Besonderheiten (z.B. knisterne Stoffe, sperrige Holzbalken, kleine Putzschwämme): ....

....

Das Material ist den Kinder ❍ vertraut ❍ wird heute zum ersten Mal eingeführt.
(z.B. Musikinstrument oder Becherlupe)

Die Kinder sollen ❍ alleine ❍ bewusst gemeinsam die Materialien nutzen.

Pädagogisches Ziel

- Hat die Fachkraft ein spezielles pädagogisch-didaktisches Ziel?
- Wenn ja, was möchte sie damit konkret erreichen? (z.B. im Bildungsbereich Medien: Kinder fotografieren für eine Bildergeschichte; Ziel: Handlungskompetenz der Kinder im Umgang mit Medien; Entwicklung von Bildkompetenz)

....

....

Inhalt/Thema

- Worum geht es in der Situation? (z.B. Kinder fotografieren für Bildgeschichte; Kinder unterhalten sich beim Mittagessen über Staubsaugergeräusche; Erzieherin führt ein neues St. Martin-Lied ein, Bilderbuch vorlesen)
- Stehen bestimmte Vorgehensweisen im Mittelpunkt der Situation? (z.B. etwas dokumentieren; Kinder Material ausprobieren lassen ...)

....

....

Beteiligung der Kinder

- Wie beteiligen sich die Kinder? (z.B. durch Redebeiträge, Beobachtung, Zuhören, mitmachen, lachen ...) Wirken manche Kinder unbeteiligt?
- Welche eigenen, auch »themenfremde«, Ideen/Handlungsimpulse bringen die Kinder ein?
- Welche Themen/Handlungsimpulse der Fachkraft (oder anderer Erwachsener) greifen sie auf?

....

....

TIPP

Dieser Bogen lädt Sie zur Entdeckungsreise in Ihren Sprachalltag ein. Wählen Sie die Fragen aus, die Ihnen für die Situation wichtig sind und passend erscheinen.

Rolle der Fachkraft

- Welche Rolle spielt die Fachkraft in der beobachteten Situation? (z.B. Ideenstifterin/Ideenbegleiterin, erklärend, moderierend, beobachtend, usw.)
- Wie macht die Fachkraft die Kinder neugierig auf das Thema/die Aktivität der Situation? (z.B. durch Ideenvorgabe, durch Vorführen von Materialien)
- Wie greift sie die Ideen/Handlungsimpulse der Kinder auf? Lässt sie sich davon im Weiteren leiten?
- Überträgt sie Kindern gezielt Aufgaben?

....

....

2. Sprach-Handeln des Kindes/der Kinder

Anzahl der beobachteten Kinder .....   Alter (jeweils) .....

Davon ..... Kinder mit mehrsprachigem Hintergrund

Sprachliche Beteiligung der Kinder/des Kindes

- Haben die Kinder Zeit, sich sprachlich zu äußern?
- Entstehen Momente, in denen sie sprachlich besonders aktiv sind? Welche sind das?

....

....

Sprachäußerungen der Kinder/des Kindes

- Wie nutzen die Kinder die Situation sprachlich für sich? (um z.B. Ideen/Vermutungen zu äußern, zu planen, mit Sprache zu spielen, über Wortbedeutungen zu sprechen ...)
- Wie handeln die Kinder sprachlich mit anderen Kindern?
- Wie beziehen sich die Kinder sprachlich auf die pädagogische Fachkraft oder auf andere anwesende Erwachsene?
- Welche Bedeutung haben in den kindlichen Äußerungen Mimik, Gestik und Stimme?

....

....

3. Sprach-Handeln der pädagogischen Fachkräfte

Sprachliche Beteiligung der Fachkraft

- Redet sie viel/wenig?
- Wie reagiert sie auf die Sprachäußerungen des Kindes/der Kinder?
- Welche Impulse setzt sie, um Kinder zu sprachlicher Äußerung anzuregen? (z.B. durch aktivierende Fragen/Nachfragen; durch Bestätigung/Aufgreifen der kindlichen Beiträge)
- Entstehen Dialoge zwischen ihr und dem Kind/den Kindern?
- Initiiert/moderiert sie Gespräche zwischen Kindern?

....

....

Sprachäußerungen der Fachkraft

- Welche Sprache/n und sprachlichen Formen benutzt sie? (z.B. Wörter aus der Fachsprache, »literarische Sprache«; »komplexe Sprache mit Nebensätzen«, Verwendung auch anderer Sprachen und/oder Dialekt)
- Wie nutzt die Fachkraft ihre Stimme und Körpersprache? (z.B. um etwas zu betonen, um auf etwas verweisen; um Aufmerksamkeit und Interesse zu signalisieren)

....

....

Reflexion

Ablauf und Rahmenbedingungen

- Was interessiert Kinder in der Situation/Was macht ihnen Spaß? Woran zeigt sich das?
- Sind das Thema, die Rahmenbedingungen und das Vorgehen den Interessen und den sprachlichen Fähigkeiten der Kinder angemessen? Woran zeigt sich das?
- Wie eigenaktiv können die Kinder handeln?
- Können sich alle Kinder beteiligen? Woran könnte es liegen, wenn nicht?
- Was war überraschend? Was lief anders als geplant?
- Welche Stolpersteine haben sich gezeigt? (z.B. Verständnisschwierigkeiten, Über- oder Unterforderung von Kindern ...)

Sprachliche Anregung der Kinder

- Wo hat Sprache ihren sinnvollen Platz? Während der Aktivität, vorher oder nachher?
- Welche sprachlichen Themen/Fähigkeiten können bei Kindern angeregt bzw. unterstützt werden? (z.B. planerische Verwendung von Sprache, sprachliches Kooperieren, phonologische Bewusstheit; Schrift; Fachwortschatz, Erzählkompetenz ...)
- Wie können die Kinder voneinander sprachlich profitieren? Wie durch die Fachkraft (oder andere Erwachsene)?
- Welche sprachlichen Anreize bieten Raum/Materialien/Vorgehen? (z.B. Dokumentationen für Schrifterfahrungen, Raumakustik für Spracherleben ...)
- Welche Unterschiede zwischen jüngeren und älteren Kindern zeigen sich?

Sprachliche Impulse durch die Fachkraft

- Welche Sprachanregungen bieten sich durch die Fachkraft an?
- Wann ist es sinnvoll, sprachliche Impulse zu geben? Wann weniger?

TIPP

Dieser Bogen lädt Sie zur Entdeckungsreise in Ihren Sprachalltag ein. Wählen Sie die Fragen aus, die Ihnen für die Situation wichtig sind und passend erscheinen.

Schlussfolgerungen für die Gestaltung zukünftiger Situationen

- Was hat sich als anregend und unterstützend für das sprachliche Handeln der Kinder erwiesen? (z.B. »Eigenaktivität« der Kinder; schriftliche Dokumentationen)
- Was war für die sprachliche Anregung eher hinderlich? (z.B. Ablauf, Themen- und Methodendichte, Raumauswahl, Materialien, Gruppengröße, Rolle der Fachkraft)

Für die weitere Planung:

- Welche weiterführenden Gesprächs- und Erzählanlässe ergeben sich aus der Situation? (z.B. nach einem Ausflug)
- Welche sprachlichen Inhalte kann die Fachkraft zur Stabilisierung der sprachlichen Fähigkeiten von Kindern wiederholt anbieten? (für alle Kinder, für die jüngeren oder älteren Kinder, andere Teilgruppen)
- Welche Variationen der Situation/der Aktivität bieten sich für gezielte sprachliche Anregung an? (z.B. bestimmter Wortschatz, Artikulation)
- An welche sprachlichen Fähigkeiten der Kinder lässt sich anknüpfen? Welche Besonderheiten gilt es zu berücksichtigen?
- Welche sprachlichen Vorbereitungs- und Planungsschritte sind nötig? (z.B. Fragen- und Reflexionsimpulse für die Kinder, Wortfelder und Fachwörter)

Leitfragen zum Dialoghandeln

mit Kindern zwischen 3 und 6 Jahren

Impulse von Kindern wahrnehmen und aufgreifen

- Welche Fragen, Impulse und Ideen eines Kindes/von Kindern greife ich auf?
  - Welche nehme ich vor allem wahr, welche eher weniger?

- Gelingt es mir in der Gruppenkommunikation, auch Kinder wahrzunehmen und einzubeziehen, die eher zurückhalten sind?
  - Welche ihrer Impulse nehme ich wahr, welche weniger?

- Wie reagiert ein Kind/reagieren die Kinder auf meine Impulse?
  - Was entsteht daraus? Wie gehe ich darauf ein?

Dialoge mit Kindern führen

- In welchen Momenten höre ich aufmerksam zu?
- Wann rede ich viel? Wann halte ich mich eher zurück?
- Wie drücke ich Aufmerksamkeit, Interesse und Anerkennung für die Äußerungen eines Kindes/der Kinder aus? (z.B. durch Zuwendung, Stimme, Mimik, Nachfragen, Bestätigung).

- Wann und wie sichere ich Verständnis?
  - Zwischen mir und dem Kind?/den Kindern?
  - Zwischen den Kindern untereinander?

Indem ich zum Beispiel
  - nachfrage, ob Wörter verständlich sind (z.B. Wisst ihr, was ... bedeutet?).
  - nachfrage, wie etwas gemeint war (z.B. Wie meinst du das? Meinst du, dass ...?).
  - anrege, etwas genauer zu erklären (z.B. »Lisa, zeig uns doch mal, wie du das Foto fotografieren möchtest.«).
  - die Äußerung eines Kindes für alle wiederhole (z.B. beim Bewegungsspiel wiederholt die Erzieherin laut und betont: »Max hat gesagt: *beide* Füße werden vom Magneten angezogen.«).

- Welche Art von Fragen stelle ich vor allem?
  - Eher offene Fragen? (z.B. Was wollt/könnt ihr anderen Kindern erzählen?/Was wisst ihr über...? Was denken/fühlen ...?)
  - Eher geschlossene Fragen? (z.B. Kann ein Regenwurm riechen?)

Kinder in ihrem Spracherwerb anregen und unterstützen

- Welche Sprech- und Reflexionsanlässe schaffe ich, die Kinder in ihrer sprachlichen Gedankenwelt anregen und unterstützen. Indem ich sie zum Beispiel ermuntere,
  - ihre Beobachtungen oder sinnliches Wahrnehmen zu benennen.
  - ihre Handlungen zu beschreiben oder zu erklären, was sie gemacht haben.
  - ihr Wissen, ihre Überlegungen, Vorstellungen oder Vermutungen zu äußern.
  - Schritte zu planen.
  - ihre eigenen Schlussfolgerungen zu formulieren.
  - ihre Fantasien zu äußern und mit Sprache fiktive Welten zu schaffen.
  - ...

- Welche Sprech- und Reflexionsanlässe schaffe ich, die Kinder in ihrer sozial-sprachlichen Kompetenz anregen und unterstützen? Indem ich sie zum Beispiel,
  - dazu auffordere, ihre Ideen beizusteuern oder eigenes Erleben zu schildern.
  - darin bestärke, ihre Empfindungen in Worte zu fassen.
  - bei Konflikten zwischen Kindern nicht sofort regelnd eingreife.
  - dazu anrege, sich in andere hineinzuversetzen und deren Denken oder Empfinden sprachlich nachzuvollziehen.
  - ...

- Wie ermögliche ich Dialoge zwischen Kindern und unterstütze ich sie dabei, sprachlich zu kooperieren? (z.B. durch Moderation ihrer Beiträge in der Kinderrunde)

- Wie rege ich Kinder Sprache an, kreativ zu verwenden, über Sprache zu sprechen bzw. nachzudenken? (z.B. Spiele mit Lauten, Stimme und Reimen; Vorstellungen zu Wortbedeutungen nachfragen, eigene Wörter/Wortdefinitionen finden lassen, darüber reden, was oder wie etwas gesagt wurde ...)

- Welche sprachlichen Impulse bringe ich ein? (z.B. Fachwortschatz, Wortdifferenzierungen, Reime; mentale Verben wie »glauben«, »wissen«; komplexe Satzkonstruktionen, zum Beispiel mit »weil« oder »damit«; literarische Sprache; Schrift und Symbole ...)

TIPP

Die Leitfragen sollen Ihnen Gedankenanregung sein, um Ihr Dialoghandeln differenziert in Augenschein zu nehmen. Wählen Sie die Fragen aus, die Ihnen und für Ihre Praxis die passenden sind.

Literatur

Zitierte Literatur

Best P., Bode J., Born-Rauchenecker E., Jooß-Weißenbach M., Schlipphak K. (Hrsg.) (2015): Qualifizierungsmaterial zum Konzept »Die Sprache der Jüngsten entdecken und begleiten«. Multimediales Handbuch für den Einsatz in der Weiterbildung. verlag das netz

Best P., Laier M., Jampert K., Sens A., Leuckefeld K. (2011): Dialoge mit Kindern führen. Die Sprache der Kinder im dritten Lebensjahr beobachten, entdecken und anregen. Herausgegeben von der Baden-Württemberg Stiftung. verlag das netz

Born-Rauchenecker E. (2015): Einheit 2, Mit jungen Kindern im Dialog. In: Best P., Bode J., Born-Rauchenecker E., Jooß-Weißenbach M., Schlipphak K. (Hrsg.) (2015): Qualifizierungsmaterial zum Konzept »Die Sprache der Jüngsten entdecken und begleiten«. Multimediales Handbuch für den Einsatz in der Weiterbildung. verlag das netz

Fox-Boyer A. (Hrsg.) (2014): Handbuch Spracherwerb und Sprachentwicklungsstörungen. Kindergartenphase. München

Füssenich I., Menz M. (2014): Sprachliche Bildung, Sprachförderung, Sprachtherapie: Grundlagen und Praxisanregungen für Fachkräfte in der Kita. Berlin

Jampert K., Leuckefeld K., Zehnbauer A., Best P. (2006): Sprachliche Förderung in der Kita. Wie viel Sprache steckt in Musik, Bewegung, Naturwissenschaften und Medien? verlag das netz

Jampert K., Thanner V., Schattel D., Sens A., Zehnbauer A., Best P., Laier M. (Hrsg.) (2011): Die Sprache der Jüngsten entdecken und begleiten. Sprachliche Bildung und Förderung für Kindern unter Drei. verlag das netz

Jampert K., Zehnbauer A., Best P., Sens, A., Leuckefeld K., Laier M. (Hrsg.) (2009): Kinder-Sprache stärken! Sprachliche Förderung in der Kita: das Praxismaterial. verlag das netz

Kannengieser S. (2012): Sprachentwicklungsstörungen. Grundlagen, Diagnostik und Therapie. München

Statistisches Bundesamt (2016): Statistiken der Kinder- und Jugendhilfe. Kinder und tätige Personen in Tageseinrichtungen und öffentlich geförderter Kindertagespflege am 01.03.2016. Artikelnummer: 5225402167004

Außerdem hinzugezogen

Ahmad F. (1996): Kontrastive Linguistik Deutsch-Arabisch: Zur Relevanz der kontrastiven Untersuchungen für den Fremdsprachenunterricht. Heidelberg

Andresen H. (2011): Erzählen und Rollenspiel von Kindern zwischen drei und sechs Jahren. Weiterbildungsinitiative Frühpädagogische Fachkräfte. WiFF Expertisen, Band 10. München

Astington J. W. (2000): Wie Kinder das Denken entdecken. München/Basel

Bosch K. (2014): 55 Fragen & Antworten. Sprachliche Bildung in der Kita. Berlin

Füssenich I. (2011): Vom Sprechen zur Schrift. Was Erwachsene über den Erwerb der Schrift im Elementarbereich wissen sollten. Weiterbildungsinitiative Frühpädagogische Fachkräfte. WiFF-Expertisen, Band 9. München

Hille K., Evanschitzky P., Bauer A. (2013): Das Kind – Die Entwicklung zwischen drei und sechs Jahren. Psychologie für Erzieherin. Bern/Köln

Klann-Delius G. (1999): Spracherwerb. Stuttgart/Weimar

List G. (2015): Wie Kinder soziale Phantasie entwickeln. Ein Buch für alle, die mit Kindern leben. Tübingen

Rothweiler M., Ruberg T. (2011): Der Erwerb des Deutschen bei Kindern mit nichtdeutscher Erstsprache. Weiterbildungsinitiative Frühpädagogische Fachkräfte. WiFF Expertise, Band 12. München

Schelle R. (2011): Die Bedeutung der Fachkraft im frühkindlichen Bildungsprozess. Weiterbildungsinitiative Frühpädagogische Fachkräfte. WiFF Expertisen, Band 18. München

Schulz P. (2007): Erstspracherwerb Deutsch: Sprachliche Fähigkeiten von Eins bis Zehn. In: Graf U., Moser Opitz E. (Hrsg.): Diagnostik und Förderung im Elementarbereich und Grundschulunterricht. Lernprozesse wahrnehmen, deuten und begleiten. Baltmannsweiler, S. 67-86

Weis I. (2013): Wie viel Sprache hat Mathematik in der Grundschule? https://www.uni-due.de/imperia/md/content/prodaz/wie_viel_sprache_mathematik_grundschule.pdf

Wildemann A. (2015): Heterogenität im Sprachlichen Anfangsunterricht. Von der Diagnose bis zur Unterrichtsgestaltung. Seelze

Film

Goethe Institut e.V. (Hrsg.) (2016): Wie Kinder Sprache entdecken. Filmdokumentation zur sprachlichen Bildung im Kindergarten. DVD und Begleitheft. München

Alle Kinder sind mehrsprachig

Perspektiven für eine inklusive und alltagsintegrierte sprachliche Bildung

Interview mit Argyro Panagiotopoulou

Was charakterisiert den natürlichen Spracherwerb mehrsprachig aufwachsender Kinder?

Das sprachenübergreifende Handeln, bekannt auch als »Sprachmischung«, ist ein Charakteristikum des frühkindlichen mehrsprachigen Erwerbsprozesses und daher von Anfang an beobachtbar. Mehrsprachig aufwachsende Kinder verwenden das Wort »Papa« beispielsweise sowohl auf Deutsch als auch auf Türkisch. Sobald die Kinder dann im zweiten Lebensjahr beginnen, Wörter miteinander zu kombinieren, sagen sie zum Beispiel: »Baba guck!« Laut Gudula List entwickeln bereits junge Kinder eine gewisse quersprachige Neugier und Kompetenz. Das heißt, sie handeln – und dabei lernen sie – quer durch ihre Sprachen hindurch, indem sie diese mischen oder wechselnd verwenden.

Der natürliche, d.h. nicht gesteuerte Spracherwerb mehrsprachiger Kinder setzt die Verwendung mehrerer Sprachen und Sprachvarietäten im familialen Kontext voraus. Diese mehrsprachige Sozialisation wird oft im Fachdiskurs, aber auch in der Kita, kritisch betrachtet. Dies ist insbesondere dann problematisch, wenn dabei die (angeblich) einsprachige Alltagspraxis nicht-zugewanderter Familien als Normalität und zugleich als Norm betrachtet wird. Daran wird nämlich häufig die mehrsprachige Lebensrealität zugewanderter Familien gemessen und, sowohl im Fachdiskurs als auch in der Kita und später in der Schule, als abweichend befunden. Jenseits von solchen pauschalen Zuschreibungen werden mehrsprachig aufwachsende Kinder innerhalb und außerhalb ihrer Familie auch mit der Umgebungssprache bzw. mit unterschiedlichen Sprachvarietäten, Regiolekten, Dialekten etc., des Deutschen sowie mit Varietäten weiterer Sprachen konfrontiert.

Bereits junge Kinder entwickeln dabei auf natürliche Weise, d.h. ohne unterrichtet zu werden, ein komplexes Sprachenrepertoire. Sie verstehen beispielsweise den im Alltag der Kita verwendeten Regiolekt genauso wie die geschriebene Variante des Deutschen. Oder sie kommunizieren mit ihrer deutsch-türkischsprachigen Erzieherin mehr- und quersprachig, verwenden aber z.B. gleichzeitig mit ihrer Oma, die gerade zu Besuch in Deutschland ist, einen türkischen Dialekt.

Diese Komplexität und Flexibilität charakterisiert den mehrsprachigen Spracherwerb. Heute wissen wir aus der Forschung, dass der kindliche Sprachenerwerb dynamisch verläuft und dass Sprachen nicht additiv, nacheinander oder getrennt von einander erworben werden. Kinder werden dadurch nicht überfordert. Überfordert scheinen eher Erwachsene – auch professionelle – zu sein, wenn sie von einer monolingualen Norm ausgehend, das mehr- und quersprachige Handeln der Kinder beobachten. Daher kann es vorkommen, dass sie diesen flexiblen Sprachgebrauch als Indiz für eine nicht gelungene Sprachentwicklung, eine unausgewogene oder »unbalancierte« Mehrsprachigkeit deuten.

Was bedeutet es für Familien und Kinder mehr- und quersprachig oder »translingual« zu handeln?

Ofelia García beschreibt mit dem Konzept »Translanguaging« wie mehrsprachig aufwachsende Kinder effektiv kommunizieren lernen, indem sie im Kontext ihrer Familie häufig translingual, d.h. sprachenübergreifend, handeln. Dies ist keine Ausnahme, sondern ein allgegenwärtiges Phänomen in mehrsprachigen Familien. Auch Erwachsene, die als »balancierte Mehrsprachige« gelten, handeln nämlich nicht nur monolingual, sondern auch translingual. Die Alltagskommunikation in mehrsprachig lebenden Familien wird also sowohl ein- als auch mehr- und quersprachig geführt. Das bedeutet: Einen deutschsprachigen Film oder Zeitungsartikel kommentieren die Familienmitglieder in der Regel nicht nur einsprachig, sondern ebenfalls sprachenübergreifend, z.B. deutsch-spanisch. Eine Einkaufsliste kann (bewusst) auch mit unterschiedlichen Schriftsystemen, z.B. arabisch-deutsch, griechisch-deutsch etc. verfasst werden.

Diese alltäglichen Situationen sind für mehrsprachig aufwachsende Kinder nichts Außergewöhnliches, auch nichts Besonderes. Sie sind für sie einfach Normalität. Mehr noch: Sie betreffen die Lebensrealität und somit ihre eigene dynamische Sprachpraxis und Identität. Werden diese Alltagsbedingungen von weiteren Personen außerhalb der Familie, in der Nachbarschaft oder in der Kita, als auffällig oder sogar problematisch empfunden und stigmatisiert, beginnen auch junge Kinder ihre familiale Sprachpraxis zu hinterfragen. Sie erwarten dann beispielsweise plötzlich von ihren Eltern, dass sie in der Öffentlichkeit ausschließlich die Sprache der Mehrheitsgesellschaft verwenden oder beginnen selbst ihre Familiensprache nicht mehr zu sprechen. Diese Problematik betrifft natürlich nicht alle Sprachen, sondern insbesondere solche, die als »Migrantensprachen« degradiert werden. Arabisch gilt z.B. momentan im öffentlichen Diskurs hauptsächlich als die Sprache der Geflüchteten und nicht als eine weitere Weltsprache, neben Englisch und Spanisch. Sprachhierarchien werden daher bereits in der Kita reproduziert, auch dadurch wird Kindern der unterschiedliche gesellschaftliche Status ihrer Familiensprachen bewusst.

Welche Chancen und Herausforderungen bedeutet für mehrsprachig aufwachsende Kinder der Übergang in die einsprachige Kita?

Eine besondere Chance sehe ich darin, dass Kinder in der Kita systematisch erfahren können, wie sie ihren Sprachengebrauch entsprechend den verschiedenen Gegebenheiten, Situationen, Gesprächspartnerinnen und Gesprächspartnern gestalten können. Es steht außer Frage, dass Kinder beim Übergang von der mehrsprachigen Familie in die Kita Zeit brauchen, um herauszufinden, wer welche Sprache(n) verwendet und in welchen Situationen welche Sprachverwendungspraxis sinnvoll ist.

Aber es ist auch ein Mythos, dass mehrsprachig aufwachsende Kinder ihre Sprachen unter allen Umständen mischen. Beispielsweise ist es für deutsch-russischsprachige Kinder möglich, mit allen pädagogischen Fachkräften und Kindern der Gruppe monolingual deutsch zu kommunizieren. Parallel dazu können sie in Interaktion mit deutsch-russisch sprechenden Kindern auch sprachenübergreifend handeln. Wenn Kinder erfahren, dass ihre mehrsprachige Praxis von ihren Bezugspersonen in der Kita wertgeschätzt wird, dann verwenden sie auch im pädagogischen Alltag ihr komplexes Sprachenrepertoire. Dies erleichtert ihren Übergang von der Familie in die Kita und ermöglicht zugleich für alle Kinder einen Einblick in die Realität der Sprachenvielfalt.

Wie wir durch verschiedene Forschungsarbeiten der letzten Jahre festgestellt haben, werden bereits sehr junge Kinder jeden Tag erneut in eine (fiktive) Welt der Einsprachigkeit eingeführt. Damit wird häufig ein unnötiger Bruch zwischen mehrsprachigen Familien und (angeblich einsprachigen) Kitas konstruiert. Von mehrsprachig lebenden Kindern wird dann erwartet, sich wie Einsprachige zu verhalten. Dass dies auch in Interaktion mit mehrsprachigen Fachkräften und Kindern vorkommt, finde ich sehr problematisch. Diese Erziehung zur Einsprachigkeit scheint für mehrsprachig aufwachsende Kinder eine besondere Herausforderung zu sein, da von ihnen erwartet wird, dass sie ihre Sprachen unter allen Umständen strikt trennen. Wie insbesondere Feldstudien der letzten Jahre in deutschen und weiteren europäischen Bildungseinrichtungen zeigten, kann dies zur Folge haben, dass Kinder in einsprachig inszenierten Sprachfördersituationen, aber auch in alltäglichen Interaktionen konsequent schweigen.

Dieses Phänomen wurde durch verschiedene Studien systematisch beobachtet und problematisiert. Denn bereits sehr junge Kinder setzen alle ihnen zur Verfügung stehenden Kommunikationsmittel ein, um ihre Ziele zu erreichen. Allen Kindern geht es dabei nicht um die Sprache an sich, um eine gemischte oder entmischte Verwendung beispielsweise der arabischen, deutschen, russischen oder türkischen Sprache. Es geht um das Bedürfnis nach Austausch mit Gleichaltrigen und Bezugspersonen und nach Partizipation.

Eine zentrale pädagogische Herausforderung sehe ich deshalb darin, dafür zu sorgen, dass alle, auch mehrsprachig aufwachsende Kinder, diese Motivation nicht ausgerechnet in der Kita verlieren. Die übliche These, dass zuerst die Sprache, in unserem Fall Deutsch, gelernt werden muss, damit neu angekommene Kinder sich in die Gruppe integrieren, möchte ich gerne umkehren: Fühlen sich Kinder im Kita-Alltag zugehörig und können daran partizipieren, dann lassen sie sich mit großer Wahrscheinlichkeit auch auf die gemeinsame Sprache ein. Die deutsche Sprache ist nicht der Schlüssel zur (Kita-)Welt. Umgekehrt: Die gefühlte Zugehörigkeit der Kinder zur Kita führt zur Sprache. So kann der Erwerb der deutschen Sprache im Kita-Alltag ermöglicht und vielleicht sogar beschleunigt werden.

Wie können pädagogische Fachkräfte einen offenen bzw. offeneren Umgang mit Mehrsprachigkeit im Kita-Alltag gestalten? Welche Rolle spielt dabei die Zusammenarbeit mit mehrsprachigen Eltern?

Pädagogische Fachkräfte können zunächst die unterschiedlichen familialen Sprachwelten der Kinder als Realität anerkennen und willkommen heißen. Sie können allen Kindern die Möglichkeit geben, ihr gesamtes Sprachenrepertoire im Kita-Alltag zu verwenden und sie damit in ihrer Sprachentwicklung unterstützen. Sie können damit die leider noch verbreitete These, dass alltagsintegrierte Deutschförderung sich nicht mit einem mehrsprachigen Kontext verträgt, in Frage stellen. Denn Kinder brauchen nicht ausschließlich einsprachigen Input, um sich auf die deutsche Sprache einzulassen. Viel wichtiger erscheint es mir, jeden Tag attraktive Angebote zum Dialog zu machen, z.B. die Kinder für eine spannende Erzählung einer (nicht unbedingt deutschen) Fabel zu gewinnen. Aber auch zu ermöglichen, dass anschließend über das Erzählte nicht nur ein-, sondern auch mehr- und quersprachig gesprochen oder in einer anderen Sprache die Fabel nacherzählt wird. Selbst wenn die Nacherzählung eines Kindes oder einer Erzieherin nur an eine kleine Gruppe oder nur an ein Kind gerichtet sein soll, ist sie für die gesamte Gruppe von Bedeutung. Pädagogische Fachkräfte können dabei konzentriert zuhören und die Erzählfreude sowie die sprachliche Kompetenz der Kinder wahrnehmen und würdigen, aber zugleich das Zuhören für alle Kinder der Gruppe modellieren. Dadurch kann auch den Kindern die Möglichkeit gegeben werden, zu fragen oder zu raten, z.B. wie »Ameise« oder »Vogel« auf Italienisch, Portugiesisch, Türkisch oder Russisch heißt.

Einen weiteren wichtigen Punkt sehe ich darin, dass die pädagogischen Fachkräfte gemeinsam darüber reflektieren, wie sie zum Gebrauch weiterer Sprachen im Kita-Alltag stehen, aber auch wie sie selbst (auch innerhalb einer Sprache) mehrsprachig handeln. Denn auch ein- oder deutschsprachigen Pädagoginnen ist es nicht möglich, konsequent einsprachig – geschweige denn »bildungssprachlich« – zu kommunizieren. Beispielsweise verwenden pädagogische Fachkräfte in einer Vorlesesituation die geschriebene Variante des Deutschen, produzieren möglichst grammatikalisch korrekte Sätze oder achten auf eine verständliche Aussprache. Im Morgenkreis verwenden sie aber die gemeinsame »Alltagssprache« bzw. die Umgebungssprache, z.B. einen Dialekt. Offenheit gegenüber der eigenen Sprachenbiographie und gegebenenfalls das Relativieren vom Perfektionismus gegenüber der eigenen Sprachpraxis, sehe ich als wichtige Voraussetzungen, um auch die Sprachenbiographien der Kinder und deren Familien zu würdigen.

Anstatt die Mehrsprachigkeit als ein Problem zu verstehen, wäre es viel sinnvoller, Erzieherinnen und Erzieher würden Eltern dazu ermutigen, regelmäßig mit ihren Kindern zu sprechen. So können Eltern die (sprachlichen) Lernprozesse, die Kinder ohnehin durchlaufen, im Rahmen ihrer Möglichkeiten unterstützen. Eine authentische Kommunikation zwischen Kindern und Bezugspersonen ist immer wertvoll und zwar unabhängig davon, ob sie ein- oder mehrsprachig, alltags- oder bildungssprachig, gemischt oder entmischt verläuft. Es ist auch heute noch zu beobachten, dass Eltern durch die Empfehlung verunsichert werden, dass sie mit ihren Kindern konsequent und unabhängig von der Situation in (jeweils) einer Sprache kommunizieren sollen.

Eltern, die beispielsweise selbst mehrsprachig aufgewachsen sind, können sich nicht nur für eine Familiensprache (z.B. Deutsch, aber nicht Türkisch bzw. Türkisch, aber nicht Deutsch) entscheiden. Und wenn sie heute in ihrer eigenen Familie neben Deutsch und Türkisch auch Arabisch als Familiensprachen verwenden und gelegentlich mit weiteren Familienmitgliedern noch Französisch sprechen, sind solche Ratschläge nicht sinnvoll und deshalb auch nicht umsetzbar.

Vor dem Hintergrund unseres Bildungsauftrags und einer vielfältigen, globalisierten Welt, auf die wir die nächste Generation vorbereiten wollen, ist es wichtig, alle Kinder bereits in der Kita als angehende Mehrsprachige zu betrachten. Wenn wir dies konsequent weiterdenken, ist auch eine kritische Betrachtung unserer sprachpädagogischen Konzepte daraufhin notwendig, inwiefern sie Mehrsprachigkeit tatsächlich als Chance nutzen. Eine alltagsintegrierte und inklusiv ausgerichtete sprachliche Bildung bietet dazu eine gute Grundlage. In diesem Sinne hieße alle »Kinder-Sprachen« zu stärken, diese nicht bloß zu zulassen oder zu tolerieren, sondern bewusst und didaktisch durchdacht zu implementieren.

INFO

Frau Dr. Argyro Panagiotopoulou ist Professorin für Bildung und Entwicklung in der frühen Kindheit an der Humanwissenschaftlichen Fakultät der Universität zu Köln. Bildung und Heterogenität, Migration und Inklusion sowie Mehrsprachigkeit in Bildungseinrichtungen und Familien bilden ihre zentralen Arbeitsschwerpunkte. Sie ist unter anderem Sprecherin des Kompetenzfeldes »Soziale Ungleichheiten und Interkulturelle Bildung« im Rahmen der Exzellenzinitiative und Mitglied des Wissenschaftlichen Beirats des Mercator Instituts für Sprachförderung und Deutsch als Zweitsprache.

Die Inhalte des vorliegenden Interviews können Sie in der Expertise (Band 46) »Mehrsprachigkeit in der Kindheit. Perspektiven für die frühpädagogische Praxis.« (2016) vertiefen, die Frau Prof. Dr. Argyro Panagiotopoulou im Rahmen der Weiterbildungsinitiative Frühpädagogische Fachkräfte (WiFF) verfasst hat. Die Expertise ist kostenfrei erhältlich unter: www.weiterbildungsinitiative.de/publikationen